Rabiya Hanfi
Kalpana Rai
Ankita Awasthi

Comunicação segura de dados para redes de sensores sem fios baseadas em clusters

Rabiya Hanfi
Kalpana Rai
Ankita Awasthi

Comunicação segura de dados para redes de sensores sem fios baseadas em clusters

Imprint

Any brand names and product names mentioned in this book are subject to trademark, brand or patent protection and are trademarks or registered trademarks of their respective holders. The use of brand names, product names, common names, trade names, product descriptions etc. even without a particular marking in this work is in no way to be construed to mean that such names may be regarded as unrestricted in respect of trademark and brand protection legislation and could thus be used by anyone.

Cover image: www.ingimage.com

This book is a translation from the original published under ISBN 978-620-7-46319-0.

Publisher:
Sciencia Scripts
is a trademark of
Dodo Books Indian Ocean Ltd. and OmniScriptum S.R.L publishing group

120 High Road, East Finchley, London, N2 9ED, United Kingdom
Str. Armeneasca 28/1, office 1, Chisinau MD-2012, Republic of Moldova, Europe
Printed at: see last page
ISBN: 978-620-7-67837-2

Conteúdo

Sobre a rede de sensores sem fios

As RSSF são compostas por um grande conjunto (centenas a alguns milhares) de nós homogéneos com restrições extremas de recursos. Cada nó sensor tem capacidade de comunicação sem fios e algum nível de inteligência para processamento de sinais e ligação em rede dos dados. Estes nós estão normalmente espalhados pela área a monitorizar para recolher dados, processá-los e enviá-los para um nó central para processamento posterior. As redes de sensores militares podem detetar e recolher informações sobre movimentos inimigos de pessoas e equipamentos ou outros fenómenos de interesse, como a presença de materiais químicos, biológicos, nucleares, radiológicos e explosivos [24]. As RSSF podem suportar uma miríade de utilizações, incluindo aplicações militares, comerciais, ambientais e médicas. Os ambientes naturais, como ecossistemas remotos, locais de catástrofe, espécies ameaçadas, condições agrícolas e incêndios florestais, podem também ser monitorizados com redes de sensores.

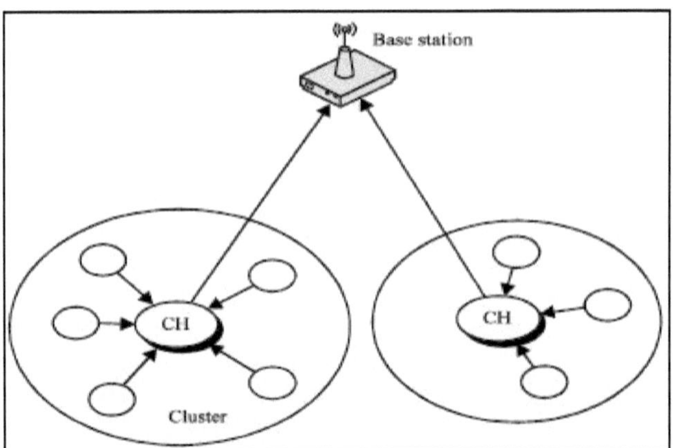

Figura 1.1 Arquitetura de uma RSSF

Distâncias curtas, detecta dados ambientais e efectua um processamento de dados limitado. Um nó típico pode ter apenas 4MHz de poder de processamento, 4KB de RAM e uma curta distância de transmissão de menos de 100 pés. O Tiny OS é um pequeno sistema operativo de código aberto desenvolvido para suportar a maioria das aplicações WSN. As redes de sensores sem fios contêm frequentemente uma ou mais estações de base que fornecem controlo centralizado. Um sink serve normalmente como ponto de acesso para o utilizador ou como gateway para outra rede [34]. Os nós sensores comunicam por RF, pelo que a difusão é a primitiva de comunicação fundamental.

Revisão da literatura

Numa era de explosão do conhecimento, o crescimento dos dados aumenta rapidamente de dia para dia. Uma vez que o armazenamento de dados é um recurso limitado, a forma de reduzir o espaço de dados no processo torna-se um desafio. A compressão de dados é uma boa solução que pode reduzir o espaço necessário. A extração de dados tem muitas aplicações úteis nos últimos anos, porque pode ajudar os utilizadores a descobrir conhecimentos interessantes em grandes bases de dados. No entanto, os algoritmos de compressão existentes não são adequados para a extração de dados. Nesta investigação, foi proposta uma nova abordagem para resolver estes problemas, designada por Mining Merged Transactions with the Quantification Table (MMTQT). O MMTQT utiliza a relação entre transacções para fundir transacções relacionadas e constrói uma tabela de quantificação para eliminar os conjuntos de itens candidatos que são impossíveis de se tornarem frequentes, a fim de melhorar o desempenho da extração de regras de associação. As experiências mostram que o MMTQT tem um melhor desempenho do que as abordagens existentes.

Na era da Internet, está a acumular-se muito rapidamente uma grande quantidade de dados. Consequentemente, é necessário muito tempo e esforço para processar esses dados com vista à descoberta de conhecimentos e à tomada de decisões. A compressão de dados é uma das boas soluções para reduzir a dimensão dos dados, o que pode poupar tempo à descoberta de conhecimentos úteis através da utilização de métodos adequados, por exemplo, a extração de dados. A extração de dados é utilizada para ajudar os utilizadores a descobrir mais facilmente conhecimentos interessantes e úteis. A aplicação da extração de regras de associação é cada vez mais popular nos últimos anos devido às suas vastas aplicações em muitos domínios, como a análise de acções, a extração de registos da Web, o diagnóstico médico, a análise do mercado de clientes e a bioinformática. Nesta investigação, o foco principal é a extração de regras de associação e o pré-processamento de dados com compressão de dados.

Nesta tese, analisamos os métodos Apriori simples, Apriori baseado em partição e Apriori com conjunto de dados comprimido. Comparamos estes três métodos com base no suporte mínimo, na confiança mínima, no número de registos e nos tempos de execução.

Palavras-chave- Regra de associação, transação fundida, tabela de quantificação.

RESUMO DOS DADOS

Estamos numa época frequentemente designada por era da informação. Nesta era da informação, porque acreditamos que a informação conduz ao poder e ao sucesso, e graças a tecnologias sofisticadas como os computadores, os satélites, etc., temos vindo a recolher enormes quantidades de informação. Inicialmente, com o advento dos computadores e dos meios de armazenamento digital em massa, começámos a recolher e a armazenar todo o tipo de dados, contando com o poder dos computadores para ajudar a classificar esta amálgama de informação. Infelizmente, estas colecções maciças de dados armazenados em estruturas díspares rapidamente se tornaram avassaladoras. Este caos inicial levou à criação de bases de dados estruturadas e de sistemas de gestão de bases de dados (SGBD). Os sistemas eficientes de gestão de bases de dados têm sido recursos muito importantes para a gestão de um grande corpus de dados e, especialmente, para a recuperação eficaz e eficiente de informações específicas de uma grande coleção, sempre que necessário. A proliferação de sistemas de gestão de bases de dados também contribuiu para a recente recolha maciça de todo o tipo de informações. Atualmente, temos muito mais informação do que aquela que podemos gerir: desde transacções comerciais e dados científicos a imagens de satélite, relatórios de texto e informações militares. A recuperação de informação já não é, pura e simplesmente, suficiente para a tomada de decisões. Confrontados com enormes colecções de dados, criámos novas necessidades para nos ajudar a fazer melhores escolhas de gestão. Estas necessidades são a síntese automática de dados, a extração da "essência" da informação armazenada e a descoberta de padrões em dados brutos.

QUE TIPO DE INFORMAÇÕES ESTAMOS A RECOLHER?

Temos vindo a recolher uma miríade de dados, desde simples medições numéricas e documentos de texto, até informações mais complexas, como dados espaciais, canais multimédia e documentos de hipertexto. Eis uma lista não exaustiva de uma variedade de informações recolhidas em formato digital, em bases de dados e em ficheiros simples.

- Transacções comerciais
- Dados científicos
- Dados médicos e pessoais
- Vídeo e imagens de vigilância
- Deteção por satélite
- Meios digitais
- Dados de engenharia CAD e de software
- Mundos virtuais
- Relatórios de texto e memorandos (mensagens de correio eletrónico)
- Os repositórios da World Wide Web

EXTRACÇÃO DE DADOS E DESCOBERTA DE CONHECIMENTOS

Com a enorme quantidade de dados armazenados em ficheiros, bases de dados e outros repositórios, é cada vez mais importante, se não mesmo necessário, desenvolver meios poderosos para a análise e talvez interpretação desses dados e para a extração de conhecimentos interessantes que possam ajudar na tomada de decisões. A prospeção de *dados*, também conhecida popularmente como descoberta de *conhecimentos em bases de dados* (KDD), refere-se à extração não trivial de informações implícitas, previamente desconhecidas e potencialmente úteis de dados em bases de dados [10]. Embora a extração de dados e a descoberta de conhecimentos em bases de dados (ou KDD) sejam frequentemente tratadas como sinónimos, a extração de dados faz, na realidade, parte do processo de descoberta de conhecimentos. A figura seguinte (Figura 1.1) mostra a extração de dados como uma etapa de um processo iterativo de descoberta de conhecimentos. O processo de descoberta de conhecimentos em bases de dados é composto por algumas etapas que vão desde a recolha de dados brutos até alguma forma de novos conhecimentos. O processo iterativo consiste nas seguintes etapas:

- **Limpeza de dados**: também conhecida como depuração de dados, é uma fase em que os dados com ruído e os dados irrelevantes são removidos da coleção.

- **Integração de dados**: nesta fase, várias fontes de dados, muitas vezes heterogéneas, podem ser combinadas numa fonte comum.

- **Seleção dos dados**: nesta fase, os dados relevantes para a análise são decididos e retirados da recolha de dados.

- **Transformação de dados**: também conhecida como consolidação de dados, é uma fase em que os dados seleccionados são transformados em formas adequadas ao processo de extração.

- **Extração de dados**: é a etapa crucial em que são aplicadas técnicas inteligentes para extrair padrões potencialmente úteis.

- **Avaliação de padrões**: nesta etapa, os padrões estritamente interessantes que representam o conhecimento são identificados com base em determinadas medidas.

- **Representação do conhecimento**: é a fase final em que o conhecimento descoberto é representado visualmente para o utilizador. Esta etapa essencial utiliza técnicas de visualização para ajudar os utilizadores a compreender e interpretar os resultados da extração de dados.

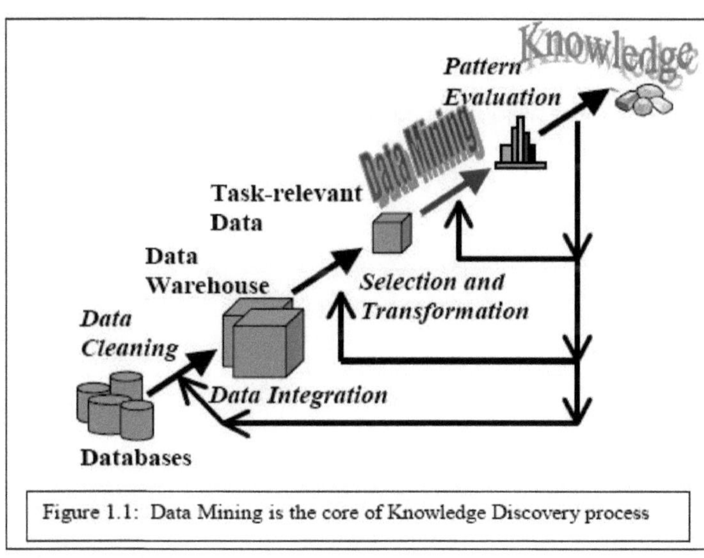

Figure 1.1: Data Mining is the core of Knowledge Discovery process

É comum combinar algumas destas etapas. Por exemplo, a *limpeza* e *a integração* de dados podem ser efectuadas em conjunto como uma fase de pré-processamento para gerar um armazém de dados. *A seleção de dados* e a *transformação de dados* também podem ser combinadas quando a consolidação dos dados é o resultado da seleção ou, como no caso dos armazéns de dados, a seleção é feita em dados transformados.

O KDD é um processo iterativo. Quando o conhecimento descoberto é apresentado ao utilizador, as medidas de avaliação podem ser melhoradas, a extração pode ser mais refinada, podem ser seleccionados ou transformados novos dados, ou podem ser integradas novas fontes de dados, a fim de obter resultados diferentes e mais adequados. A extração de dados deriva o seu nome das semelhanças entre a procura de informações valiosas numa grande base de dados e a extração de rochas para encontrar um veio de minério valioso. Ambas implicam peneirar uma grande quantidade de material ou sondar engenhosamente o material para identificar exatamente onde residem os valores. Trata-se, no entanto, de um termo impróprio, uma vez que a extração de ouro em rochas é normalmente designada por "mineração de ouro" e não "mineração de rochas", pelo que, por analogia, a extração de dados deveria ter sido designada por "extração de conhecimentos". No entanto, a prospeção de dados tornou-se o termo habitualmente aceite e, muito rapidamente, uma tendência que até ofuscou termos mais gerais, como a descoberta de conhecimentos em bases de dados (KDD), que descrevem um processo mais completo. Outros termos semelhantes que se referem à prospeção de dados são: dragagem de dados, extração de conhecimentos e descoberta de padrões.

QUE TIPO DE DADOS PODEM SER EXTRAÍDOS?

Em princípio, a prospeção de dados não é específica de um tipo de suporte ou de dados. A extração de dados deve ser aplicável a qualquer tipo de repositório de informação. No entanto, os algoritmos e as abordagens podem ser diferentes quando aplicados a diferentes tipos de dados. Eis alguns exemplos mais pormenorizados:

Ficheiros simples: Os ficheiros simples são, na verdade, a fonte de dados mais comum para os algoritmos de extração de dados, especialmente a nível da investigação. Os ficheiros simples são ficheiros de dados simples em formato de texto ou binário com uma estrutura conhecida pelo algoritmo de extração de dados a aplicar. Os dados contidos nestes ficheiros podem ser transacções, dados de séries temporais, medições científicas, etc.

Bases de dados relacionais: Resumidamente, uma base de dados relacional é constituída por um conjunto de tabelas que contêm valores de atributos de entidades ou valores de atributos de relações entre entidades. As tabelas têm colunas e linhas, em que as colunas representam atributos e as linhas representam tuplas. Uma tupla numa tabela relacional corresponde a um objeto ou a uma relação entre objectos e é identificada por um conjunto de valores de atributos que representam uma chave única.

A linguagem de consulta mais utilizada para bases de dados relacionais é a SQL, que permite a recuperação e a manipulação dos dados armazenados nas tabelas, bem como o cálculo de funções agregadas como a média, a soma, o mínimo, o máximo e a contagem.

Os algoritmos de extração de dados que utilizam bases de dados relacionais podem ser mais versáteis do que os algoritmos de extração de dados especificamente escritos para ficheiros simples, uma vez que podem tirar partido da estrutura inerente às bases de dados relacionais. Embora a prospeção de dados possa beneficiar da SQL para a seleção, transformação e consolidação de dados, vai além do que a SQL poderia fornecer, como a previsão, a comparação, a deteção de desvios, etc.

Armazéns de dados: Um armazém de dados é um repositório de dados recolhidos a partir de múltiplas fontes de dados (frequentemente heterogéneas) e destina-se a ser utilizado como um todo sob o mesmo esquema unificado. Um armazém de dados oferece a possibilidade de analisar dados de diferentes fontes sob o mesmo teto. Suponhamos que a Our Video Store se torna um franchise na América do Norte. Muitas lojas de vídeo pertencentes à empresa Our Video Store podem ter bases de dados diferentes e estruturas diferentes. Se o executivo da empresa quiser aceder aos dados de todas as lojas para a tomada de decisões estratégicas, orientação futura, marketing, etc., seria mais adequado armazenar todos os dados num único local com uma estrutura homogénea que permita uma análise interactiva. Por outras palavras, os dados das diferentes lojas seriam carregados, limpos, transformados e integrados em conjunto. Para facilitar a tomada de decisões e as vistas multidimensionais, os armazéns de dados são normalmente modelados por uma estrutura de dados multidimensional.

Bases de dados de transacções: Uma base de dados de transacções é um conjunto de registos que representam transacções, cada um com um carimbo de data/hora, um identificador e um conjunto de itens. Associados aos ficheiros de transacções podem também estar dados descritivos dos itens. Por exemplo, no caso de um clube de vídeo, a tabela de alugueres representa a base de dados de transacções. Cada registo é um contrato de aluguer com um identificador de cliente, uma data e a lista de artigos alugados (por exemplo, cassetes de vídeo, jogos, videogravador, etc.). Uma vez que as bases de dados relacionais não permitem tabelas aninhadas (ou seja, um conjunto como valor de atributo), as transacções são normalmente armazenadas em ficheiros simples ou armazenadas em duas tabelas de transacções normalizadas, uma para as transacções e outra para os itens da transação. Uma análise típica de extração de dados sobre estes dados é a chamada análise do cabaz de compras ou regras de associação, em que são estudadas as associações entre itens que ocorrem em conjunto ou em sequência.

Bases de dados multimédia: As bases de dados multimédia incluem vídeo, imagens, áudio e suportes de texto. Podem ser armazenadas em bases de dados alargadas objeto-relacionais ou orientadas para objectos, ou simplesmente num sistema de ficheiros. O multimédia caracteriza-se pela sua elevada dimensionalidade, o que torna a extração de dados ainda mais difícil. A extração de dados de repositórios multimédia pode exigir metodologias de visão computacional, computação gráfica, interpretação de imagens e processamento de linguagem natural.

Bases de dados espaciais: As bases de dados espaciais são bases de dados que, para além dos dados habituais, armazenam informações geográficas, como mapas e posicionamento global ou regional. Estas bases de dados espaciais colocam novos desafios aos algoritmos de extração de dados.

Bases de dados de séries cronológicas: As bases de dados de séries cronológicas contêm dados relacionados com o tempo, como dados do mercado de acções ou actividades registadas. Estas bases de dados têm normalmente um fluxo contínuo de novos dados, o que, por vezes, torna necessária uma análise exigente em tempo real. A extração de dados nestas bases de dados inclui normalmente o estudo de tendências e correlações entre a evolução de diferentes variáveis, bem como a previsão de tendências e movimentos das variáveis no tempo.

World Wide Web: A World Wide Web é o repositório mais heterogéneo e dinâmico que existe. Um grande número de autores e editores contribui continuamente para o seu crescimento e metamorfose, e um grande número de utilizadores acede diariamente aos seus recursos. Os dados na World Wide Web estão organizados em documentos interligados. Estes documentos podem ser texto, áudio, vídeo, dados em bruto e até aplicações. Em termos conceptuais, a World Wide Web é composta por três componentes principais: O conteúdo da Web, que engloba os documentos disponíveis; a estrutura da Web, que abrange as hiperligações e as relações entre documentos; e a utilização da Web, que descreve como e quando os recursos são acedidos. Pode ser acrescentada uma quarta dimensão relacionada com o carácter dinâmico ou a evolução dos documentos. A extração de dados na World Wide Web, ou extração da Web, tenta abordar todas estas questões e divide-se frequentemente em extração de conteúdos da Web, extração da estrutura da Web e extração da utilização da Web.

O QUE É QUE SE PODE DESCOBRIR?

Os tipos de padrões que podem ser descobertos dependem das tarefas de extração de dados utilizadas. De um modo geral, existem dois tipos de tarefas de extração de dados: as tarefas de extração de *dados descritivas*, que descrevem as propriedades gerais dos dados existentes, e as tarefas *de extração de dados preditivas*, que tentam fazer previsões com base em inferências sobre os dados disponíveis. As funcionalidades de extração de dados e a variedade de conhecimentos que descobrem são apresentadas resumidamente na lista seguinte:

Análise de associação: A análise de associação consiste na descoberta do que é comummente designado por *regras de associação*. Estuda a frequência de itens que ocorrem em conjunto em bases de dados transaccionais e, com base num limiar denominado *apoio*, identifica os conjuntos de itens frequentes. Outro limiar, a *confiança*, que é a probabilidade condicional de um item aparecer numa transação quando aparece outro item, é utilizado para identificar as regras de associação. A análise de associação é normalmente utilizada para a análise de cabazes de compras.

Por exemplo, pode ser útil para o gerente do nosso videoclube saber que filmes são frequentemente alugados em conjunto ou se existe uma relação entre o aluguer de um determinado tipo de filmes e a compra de pipocas ou refrigerantes. As regras de associação descobertas são do tipo: P□Q [s,c], onde P e Q são conjunções de pares de valores de atributos, e s (para suporte) é a probabilidade de P e Q aparecerem juntos numa transação e c (para confiança) é a probabilidade condicional de Q aparecer numa transação quando P está presente. Por exemplo, a regra de associação hipotética: *Aluguer Tipo(X, "jogo")* □□*Age(X, "13-19")* □□*Buys(X, "pop") [s=2%, c=55%]* indicaria que 2% das transacções consideradas são de clientes com idades compreendidas entre os 13 e os 19 anos que alugam um jogo e compram um pop, e que existe uma certeza de 55% de que os clientes adolescentes que alugam um jogo também compram pop.

Classificação: A análise de classificação é a organização dos dados em determinadas classes. Também conhecida como *classificação supervisionada*, a classificação utiliza etiquetas de classe dadas para ordenar os objectos na coleção de dados. As abordagens de classificação utilizam normalmente um *conjunto de treino* em que todos os objectos já estão associados a etiquetas de classe conhecidas. O algoritmo de classificação aprende com o conjunto de treino e constrói um modelo. O modelo é utilizado para classificar novos objectos. Por exemplo, depois de iniciar uma política de crédito, os gestores da Our Video Store poderiam analisar o comportamento dos clientes em relação ao seu crédito e classificar os clientes que receberam créditos com três etiquetas possíveis: "seguro", "arriscado" e "muito arriscado". A análise de classificação geraria um modelo que poderia ser utilizado para aceitar ou rejeitar pedidos de crédito no futuro.

Previsão: A previsão tem atraído uma atenção considerável, dadas as potenciais implicações de uma previsão bem sucedida num contexto empresarial. Há dois tipos principais de previsões: pode-se tentar prever alguns valores de dados indisponíveis ou tendências pendentes, ou prever um rótulo de classe para alguns dados. Esta última está ligada à classificação. Uma vez construído um modelo de classificação com base num conjunto de treino, a etiqueta de classe de um objeto pode ser prevista com base nos valores dos atributos do objeto e nos valores dos atributos das classes. A previsão é, no entanto, mais frequentemente referida à previsão de valores numéricos em falta, ou a tendências de aumento/diminuição em dados relacionados com o tempo. A ideia principal é utilizar um grande número de valores passados para considerar valores futuros prováveis.

Agrupamento: Semelhante à classificação, o agrupamento é a organização dos dados em classes. No entanto, ao contrário da classificação, no agrupamento, as etiquetas das classes são desconhecidas e cabe ao algoritmo de agrupamento descobrir classes aceitáveis. O agrupamento é também designado por *classificação não supervisionada*, porque a classificação não é ditada por etiquetas de classe dadas. Existem muitas abordagens de agrupamento, todas baseadas no princípio da maximização da semelhança entre objectos da mesma classe (*semelhança intra-classe*) e da minimização da semelhança entre objectos de classes diferentes (*semelhança inter-classe*).

QUESTÕES DE EXTRACÇÃO DE DADOS

medida que as iniciativas de extração de dados continuam a evoluir, há várias questões que o Congresso pode decidir considerar relacionadas com a implementação e a supervisão. Estas questões incluem, entre outras, a qualidade dos dados, a interoperabilidade, o desfasamento entre missões e a privacidade. Tal como acontece com outros aspectos da extração de dados, embora as capacidades tecnológicas sejam importantes, há outros factores que também influenciam o êxito do resultado de um projeto.

Qualidade dos dados

A qualidade dos dados é uma questão multifacetada que representa um dos maiores desafios para a extração de dados. A qualidade dos dados refere-se à exatidão e à exaustividade dos dados. A qualidade dos dados também pode ser afetada pela estrutura e consistência dos dados que estão a ser analisados. A presença de registos duplicados, a falta de normas de dados, a atualidade das actualizações e o erro humano podem afetar significativamente a eficácia das técnicas mais complexas de extração de dados, que são sensíveis a diferenças subtis que possam existir nos dados. Para melhorar a qualidade dos dados, é por vezes necessário "limpar" os dados, o que pode implicar a remoção de registos duplicados, a normalização dos valores utilizados para representar a informação na base de dados (por exemplo assegurar que "não" é representado como um 0 em toda a base de dados, e não por vezes como um 0, por vezes como um N, etc.), contabilizar pontos de dados em falta, remover campos de dados desnecessários, identificar pontos de dados anómalos (por exemplo, um indivíduo cuja idade é apresentada como 142 anos) e normalizar formatos de dados (por exemplo, alterar datas para que todas incluam MM/DD/AAAA).

Interoperabilidade

Relacionada com a qualidade dos dados, está a questão da interoperabilidade das diferentes bases de dados e do software de extração de dados. A interoperabilidade refere-se à capacidade de um sistema informático e/ou de dados trabalharem com outros sistemas ou dados utilizando normas ou processos comuns. A interoperabilidade é uma parte essencial dos esforços mais amplos para melhorar a colaboração entre agências e a partilha de informações através de iniciativas de administração pública em linha e de segurança interna.

Para a extração de dados, a interoperabilidade das bases de dados e do software é importante para permitir a pesquisa e a análise de várias bases de dados em simultâneo e para ajudar a garantir a compatibilidade das actividades de extração de dados de diferentes agências. Os projectos de extração de dados que tentam tirar partido das bases de dados existentes ou que iniciam pela primeira vez esforços de colaboração com outras agências ou níveis de governo (por exemplo, departamentos de polícia de diferentes estados) podem ter problemas de interoperabilidade. Do mesmo modo, à medida que as agências avançam com a criação de novas bases de dados e esforços de partilha de informação, terão de abordar as questões de interoperabilidade durante as suas fases de planeamento para melhor garantir a eficácia dos seus projectos de extração de dados.

Missão Creep

O desvio de missão é um dos principais riscos da extração de dados citados pelos libertários civis e representa como o controlo sobre a informação de uma pessoa pode ser uma proposta ténue. O desvio de finalidade refere-se à utilização de dados para outros fins que não aqueles para os quais os dados foram originalmente recolhidos. Isto pode ocorrer independentemente do facto de os dados terem sido fornecidos voluntariamente pelo indivíduo ou terem sido recolhidos por outros meios. Os esforços para combater o terrorismo podem, por vezes, assumir um sentido de urgência acentuado. Esta urgência pode criar pressão tanto sobre os detentores dos dados como sobre os funcionários que a eles acedem. Deixar um recurso disponível sem utilização pode parecer, para alguns, um ato de negligência. Os detentores de dados podem sentir-se obrigados a disponibilizar qualquer informação que possa ser utilizada para prevenir um futuro ataque ou localizar um terrorista conhecido. Do mesmo modo, os funcionários governamentais responsáveis por garantir a segurança de terceiros podem ser pressionados a utilizar e/ou combinar as bases de dados existentes para identificar potenciais ameaças. Ao contrário das buscas físicas ou da detenção de pessoas, o acesso à informação para fins diferentes dos inicialmente previstos pode parecer um exercício inofensivo ou sem vítimas. No entanto, essa utilização da informação pode conduzir a resultados não desejados e produzir resultados enganadores. Uma das principais razões para a obtenção de resultados enganadores é a inexatidão dos dados. Todos os esforços de recolha de dados têm, em certa medida, problemas de exatidão. Garantir a exatidão da informação pode exigir protocolos dispendiosos que podem não ser rentáveis se os dados não tiverem um valor económico intrinsecamente elevado. Em projectos de extração de dados bem geridos, é provável que a organização de recolha de dados original esteja ciente das limitações dos dados e tenha em conta essas limitações. No entanto, essa consciência pode não ser comunicada ou tida em conta quando os dados são utilizados para outros fins. Por exemplo, a exatidão da informação recolhida através do cartão de um clube de compras pode ser afetada por uma série de razões, incluindo a falta de autenticação de identidade quando um cartão é emitido, o facto de os caixas utilizarem os seus próprios cartões para clientes que não têm um e/ou clientes que utilizam vários cartões. Para efeitos de comercialização junto dos consumidores, o impacto destas imprecisões é negligenciável para o indivíduo. No entanto, se uma agência governamental utilizasse essas informações para visar indivíduos com base em compras de alimentos associadas a determinadas observâncias religiosas, um resultado baseado em informações incorrectas poderia ser, no mínimo, um desperdício de recursos por parte da agência governamental e uma expressão ou utilização de informações de uma forma que violaria a garantia constitucional contra a auto-incriminação."

Privacidade

À medida que foram sendo anunciadas novas iniciativas de partilha de informação e de extração de dados, a atenção centrou-se nas implicações para a privacidade. As preocupações com a privacidade centram-se tanto nos projectos propostos como nas preocupações com a possibilidade de as aplicações de extração de dados se expandirem para além dos seus objectivos originais (mission creep). Por exemplo, alguns peritos sugerem que as aplicações de extração de dados antiterrorismo podem também ser úteis no combate a outros tipos de crime. Até à data, tem havido pouco consenso sobre a forma como a extração de dados deve ser efectuada, estando a ser debatidos vários pontos de vista concorrentes. Alguns observadores defendem que pode ser necessário fazer cedências em relação à privacidade para garantir a segurança. Outros observadores sugerem que as leis e regulamentos existentes relativos à proteção da privacidade são adequados e que estas iniciativas não representam qualquer ameaça à privacidade. Outros ainda argumentam que não se sabe o suficiente sobre a forma como os projectos de extração de dados serão executados e que é necessária uma maior supervisão. Existe também algum desacordo sobre a forma como as preocupações com a privacidade devem ser abordadas. Alguns observadores sugerem que as soluções técnicas são adequadas. Em contrapartida, alguns defensores da privacidade argumentam a favor da criação de políticas mais claras e do exercício de uma maior supervisão. À medida que os esforços de extração de dados avançam, o Congresso pode considerar uma série de questões, incluindo o grau em que as agências governamentais devem utilizar e misturar dados comerciais com dados governamentais, se as fontes de dados estão a ser utilizadas para fins diferentes daqueles para que foram originalmente concebidas e a possível aplicação da Lei da Privacidade a estas iniciativas.

Problemas de desempenho

Existem muitos métodos estatísticos e de inteligência artificial para a análise e interpretação de dados. No entanto, estes métodos não foram frequentemente concebidos para os grandes conjuntos de dados com que a extração de dados lida atualmente. São comuns os tamanhos de terabytes. Este facto levanta a questão da escalabilidade e da eficiência dos métodos de extração de dados no tratamento de dados consideravelmente grandes. Os algoritmos com complexidade exponencial e mesmo polinomial de ordem média não podem ser utilizados na prática para a extração de dados. Os algoritmos lineares são normalmente a norma. No mesmo tema, a amostragem pode ser utilizada para a extração de dados em vez de todo o conjunto de dados. No entanto, podem surgir problemas como a exaustividade e a escolha das amostras. Outros tópicos na questão do desempenho são a *atualização incremental* e a programação paralela. Não há dúvida de que o paralelismo pode ajudar a resolver o problema da dimensão se o conjunto de dados puder ser subdividido e os resultados puderem ser fundidos posteriormente. A atualização incremental é importante para fundir os resultados da extração paralela ou para atualizar os resultados da extração de dados quando estão disponíveis novos dados sem ter de voltar a analisar o conjunto completo de dados.

ÁREAS DE APLICAÇÃO DA EXTRACÇÃO DE DADOS

Uma vez que a extração de dados é uma disciplina jovem, com aplicações vastas e diversificadas, existe ainda um fosso não trivial entre os princípios gerais da extração de dados e as ferramentas de extração de dados eficazes e específicas de um domínio para uma aplicação particular. Há algumas aplicações que estão relacionadas com a extração de dados.

- Extração de dados para análise de dados biomédicos e de ADN.

- Extração de dados para análise de dados financeiros.

- Extração de dados para o sector retalhista.

- Extração de dados para o sector das telecomunicações.

- Extração de dados para extração na Web.

- Extração de dados para dados multimédia.

- Extração de dados para monitorização do tráfego.

- Extração de dados para análise física.

- Extração de dados para deteção de alterações.

- Extração de dados para dados visuais.

- Extração de dados para dados de áudio.

- Extração de dados para dados científicos.

- Extração de dados para dados estatísticos.

- Extração de dados para análise de ligação genética.

- Extração de dados para dados de engenharia.

- Extração de dados para dados de texto.

- Extração de dados para segurança informática.

- Extração de dados para redes sociais.

- Extração de dados para dados pictóricos.

- Extração de dados para bioinformática.

- Extração de dados para análise de cabazes de compras.

- Extração de dados para a indústria do petróleo e do gás.

- Extração de dados para bases de dados relacionais.

TÉCNICAS DE EXTRACÇÃO DE DADOS

Embora a extração de dados possa ser utilizada para descobrir padrões em amostras de dados, é importante ter em conta que a utilização de amostras não representativas de dados pode produzir resultados que não são indicativos do domínio. Do mesmo modo, a extração de dados não encontrará padrões que possam estar presentes no domínio, se esses padrões não estiverem presentes na amostra que está a ser "extraída". Há uma tendência para os "consumidores" dos resultados, com conhecimentos insuficientes, atribuírem "capacidades mágicas" à prospeção de dados, tratando a técnica como uma espécie de bola de cristal que tudo vê. Como qualquer outra ferramenta, ela só funciona em conjunto com a matéria-prima adequada: neste caso, dados indicativos e representativos que o utilizador deve começar por recolher. Além disso, a descoberta de um determinado padrão num determinado conjunto de dados não significa necessariamente que esse padrão seja representativo de toda a população da qual esses dados foram retirados. Por conseguinte, uma parte importante do processo é a verificação e validação de padrões noutras amostras de dados.

O termo data mining (extração de dados) também tem sido utilizado num sentido conexo, mas negativo, para designar a procura deliberada de padrões aparentes, mas não necessariamente representativos, em grandes quantidades de dados. Para evitar confusão com o outro sentido, são frequentemente utilizados os termos "*data dredging*" e "*data snooping*". A extração de dados envolve normalmente quatro classes de tarefas:

- Classificação - Organiza os dados em grupos predefinidos. Por exemplo, um programa de correio eletrónico pode tentar classificar uma mensagem de correio eletrónico como legítima ou spam. Os algoritmos comuns incluem o vizinho mais próximo, o classificador Naive Bayes e a rede neural.
- Agrupamento - É como a classificação, mas os grupos não estão predefinidos, pelo que o algoritmo tentará agrupar itens semelhantes.
- Regressão - Tentativa de encontrar uma função que modele os dados com o menor erro. Um método comum é a utilização de Programação Genética.
- Aprendizagem de regras de associação - Procura relações entre variáveis. Por exemplo, um supermercado pode recolher dados sobre o que cada cliente compra. Utilizando a aprendizagem de regras de associação, o supermercado pode descobrir quais os produtos que são frequentemente comprados em conjunto, o que é útil para efeitos de marketing. Isto é por vezes referido como "análise do cabaz de compras".

CLASSIFICAÇÃO

De um modo geral, a classificação é a ação de atribuir um objeto a uma categoria de acordo com as características do objeto. Na extração de dados, a classificação refere-se à tarefa de analisar um conjunto de objectos de dados pré-classificados para aprender um modelo (ou uma função) que pode ser utilizado para classificar um objeto de dados não visto numa das várias classes predefinidas. Um objeto de dados, referido como um exemplo, é descrito por um conjunto de atributos ou variáveis. Um dos atributos descreve a classe a que pertence um exemplo e é, por isso, designado por atributo de classe ou variável de classe. Os outros atributos são frequentemente designados por atributos (ou variáveis) independentes ou preditores. O conjunto de exemplos utilizados para aprender o modelo de classificação é designado por conjunto de dados de treino. As tarefas relacionadas com a classificação incluem a regressão, que constrói um modelo a partir de dados de treino para prever valores numéricos, e o agrupamento, que agrupa exemplos para formar categorias.

A classificação pertence à categoria da aprendizagem supervisionada, que se distingue da aprendizagem não supervisionada. Na aprendizagem supervisionada, os dados de formação consistem em pares de dados de entrada (normalmente vectores) e resultados desejados, enquanto na aprendizagem não supervisionada não há resultados a priori. A classificação tem várias aplicações, tais como a aprendizagem a partir de uma base de dados de doentes para diagnosticar uma doença com base nos sintomas de um doente, a análise de transacções com cartões de crédito para identificar transacções fraudulentas, o reconhecimento automático de letras ou dígitos com base em amostras de caligrafia e a distinção entre compostos altamente activos e inactivos com base nas estruturas dos compostos para a descoberta de medicamentos. A classificação tem sido estudada em estatística e na aprendizagem automática. Em estatística, a classificação é também designada por discriminação. Os primeiros trabalhos sobre classificação centraram-se na análise discriminante, que constrói um conjunto de funções discriminantes, como funções lineares das variáveis de previsão, com base num conjunto de exemplos de treino para discriminar entre os grupos definidos pela variável de classe. Os estudos modernos exploram classes de modelos mais flexíveis, como o fornecimento de uma estimativa da distribuição conjunta das características dentro de cada classe (por exemplo, classificação Bayesiana).

Classificação de um exemplo com base nas distâncias no espaço de características (por exemplo, o método do vizinho mais próximo) e construção de uma árvore de classificação que classifica exemplos com base em testes de uma ou mais variáveis de previsão (ou seja, análise da árvore de classificação). No domínio da aprendizagem automática, a atenção tem-se centrado mais na geração de expressões de classificação que sejam facilmente compreendidas pelos seres humanos. A técnica de aprendizagem automática mais popular é a aprendizagem de árvores de decisão, que aprende a mesma estrutura de árvore que as árvores de classificação, mas utiliza critérios diferentes durante o processo de aprendizagem. A técnica foi desenvolvida em paralelo com a análise de árvores de classificação em estatística. Outras técnicas de aprendizagem automática incluem a aprendizagem de regras de classificação, as redes neuronais, a classificação bayesiana, a aprendizagem baseada em instâncias, os algoritmos genéticos, a abordagem de conjuntos aproximados e as máquinas de vectores de apoio. Estas técnicas imitam o raciocínio humano em diferentes aspectos, a fim de fornecer informações sobre o processo de aprendizagem. A comunidade da extração de dados herda as técnicas de classificação desenvolvidas na estatística e na aprendizagem automática e aplica-as a vários problemas do mundo real. A maioria dos algoritmos estatísticos e de aprendizagem automática são baseados na memória, em que todo o conjunto de dados de treino é carregado na memória principal antes de se iniciar a aprendizagem. No domínio da extração de dados, tem sido feito um grande esforço para aumentar a escala dos algoritmos de classificação, de modo a poderem lidar com grandes conjuntos de dados. Existe também uma nova técnica de classificação, designada classificação baseada em associações, aprendizagem de regras de associação.

Classificação vs. Previsão

Classificação: - Prevê etiquetas de classe categóricas (discretas ou nominais) classifica dados (constrói um modelo) com base no conjunto de treino e nos valores (etiquetas de classe) num atributo de classificação e utiliza-os na classificação de novos dados.

Previsão:-Modela funções de valor contínuo, ou seja, prevê valores desconhecidos ou em falta.

Aplicações típicas

Aprovação de crédito

Marketing direcionado

Diagnóstico médico

Deteção de fraudes

Classificação - um processo em duas etapas

(1) Construção do modelo: descrição de um conjunto de classes pré-determinadas

> (a) Assume-se que cada tupla/amostra pertence a uma classe predefinida, conforme determinado pelo atributo de etiqueta de classe.

> (b) O conjunto de tuplas utilizado para a construção do modelo é o conjunto de treino.

> (c) O modelo é representado por regras de classificação, árvores de decisão ou fórmulas matemáticas.

(2) Utilização do modelo: para classificar objectos futuros ou desconhecidos Estimar a precisão do modelo (a). A etiqueta conhecida da amostra de teste é comparada com o resultado classificado pelo modelo (b) A taxa de precisão é a percentagem de amostras do conjunto de teste que são corretamente classificadas pelo modelo (c) O conjunto de teste é independente do conjunto de treino, caso contrário ocorrerá um sobreajuste (d) Se a precisão for aceitável, utilizar o modelo para classificar tuplas de dados cujas etiquetas de classe não são conhecidas.

Processo (1): Construção do modelo

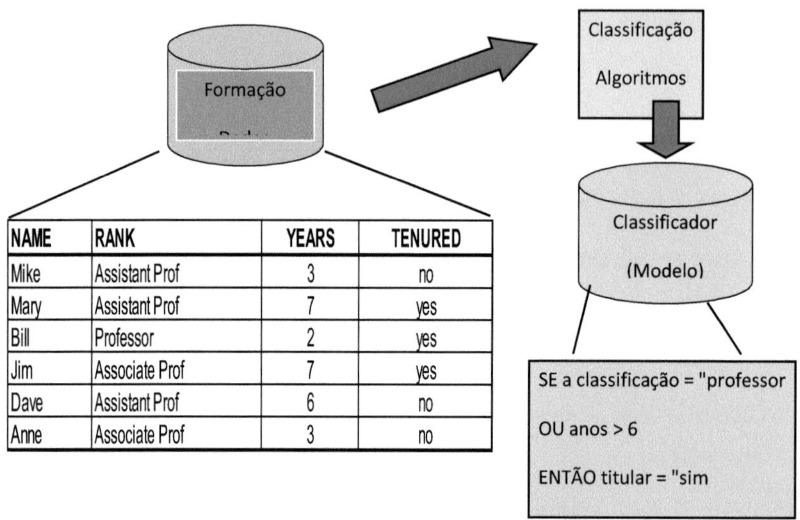

NAME	RANK	YEARS	TENURED
Mike	Assistant Prof	3	no
Mary	Assistant Prof	7	yes
Bill	Professor	2	yes
Jim	Associate Prof	7	yes
Dave	Assistant Prof	6	no
Anne	Associate Prof	3	no

Figura 2.1: Processo de construção do modelo

Processo (2): Utilização do modelo na previsão

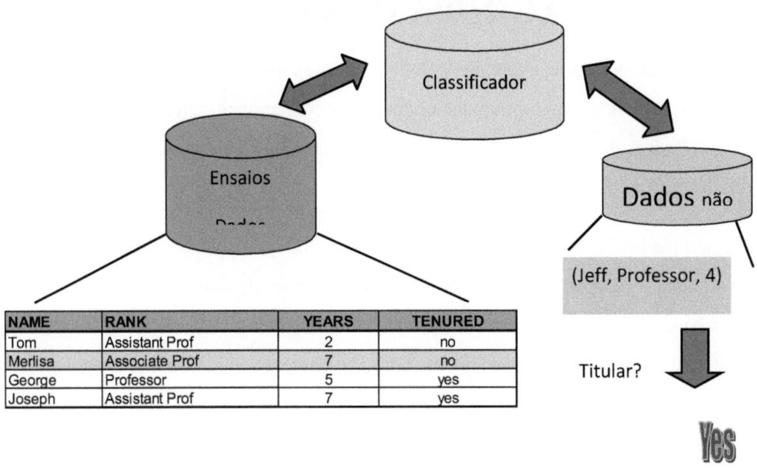

NAME	RANK	YEARS	TENURED
Tom	Assistant Prof	2	no
Merlisa	Associate Prof	7	no
George	Professor	5	yes
Joseph	Assistant Prof	7	yes

Figura 2.2: Processo de previsão

Aprendizagem supervisionada vs. não supervisionada

(1) Aprendizagem supervisionada (classificação)

1. Supervisão: Os dados de treino (observações, medições, etc.) são acompanhados de etiquetas que indicam a classe das observações.

2. Os novos dados são classificados com base no conjunto de treino.

(2) Aprendizagem não supervisionada (agrupamento)

1. As etiquetas de classe dos dados de treino são desconhecidas.

2. Dado um conjunto de medições, observações, etc., com o objetivo de estabelecer a existência de classes ou grupos nos dados.

Questões: Preparação de dados

1. Limpeza dos dados: pré-processar os dados para reduzir o ruído e tratar os valores em falta.

2. Análise de relevância (seleção de características) : Remover os atributos irrelevantes ou redundantes.

3. Transformação de dados: generalizar e/ou normalizar dados.

AGRUPAMENTO

O agrupamento é uma técnica de extração de dados (aprendizagem automática) utilizada para colocar elementos de dados em grupos relacionados sem conhecimento prévio das definições dos grupos. As técnicas de agrupamento mais populares incluem o agrupamento k-means e o agrupamento de maximização de expectativas (EM).

Um exemplo simples de agrupamento seria o agrupamento que a maioria das pessoas faz quando lava a roupa - agrupar as roupas de prensa permanente, de limpeza a seco, brancas e de cores vivas é importante porque têm características semelhantes. E acontece que elas têm importantes atributos em comum sobre a forma como se comportam (e podem ser estragadas) na lavagem. Para "agrupar" a sua roupa, a maioria das suas decisões são relativamente simples. É claro que há decisões difíceis a tomar sobre em que grupo deve ser colocada a sua camisa branca com riscas vermelhas (uma vez que é maioritariamente branca, mas tem alguma cor e é de prensagem permanente). Quando o agrupamento é utilizado nas empresas, os agrupamentos são frequentemente muito mais dinâmicos - mesmo mudando semanalmente para mensalmente, muitas das decisões relativas ao agrupamento em que um registo se insere podem ser difíceis.

O agrupamento é o método pelo qual os registos semelhantes são agrupados. Normalmente, isto é feito para dar ao utilizador final uma visão de alto nível do que se passa na base de dados. Por vezes, o agrupamento é utilizado como sinónimo de segmentação - o que a maioria dos profissionais de marketing lhe dirá que é útil para obter uma visão panorâmica da empresa. Dois destes sistemas de agrupamento são o sistema PRIZM™ da Claritas Corporation e o MicroVision™ da Equifax Corporation. Estas empresas agruparam a população por informação demográfica em segmentos que acreditam ser úteis para o marketing direto e as vendas. Para criar estes agrupamentos, utilizam informações como o rendimento, a idade, a ocupação, a habitação e a raça recolhidas nos Censos dos EUA. De seguida, atribuem "alcunhas" memoráveis aos agrupamentos. Alguns exemplos são apresentados no Quadro 2.1. Esta informação de agrupamento é depois utilizada pelo utilizador final para marcar os clientes na sua base de dados. Uma vez feito isto, o utilizador comercial pode ter uma visão rápida e de alto nível do que se passa no cluster. Uma vez que o utilizador comercial tenha trabalhado com estes códigos durante algum tempo, começa também a construir intuições sobre a forma como estes diferentes grupos de clientes reagirão às ofertas de marketing específicas da sua empresa. Por exemplo, alguns destes clusters podem estar relacionados com a sua atividade e outros não. Mas dado que a concorrência pode estar a utilizar estes mesmos clusters para estruturar o seu negócio e as suas ofertas de marketing, é importante estar ciente de como a sua base de clientes se comporta em relação a estes clusters.

Nome	Rendimento	Idade	Educação	Vendedor
Propriedades Sangue Azul	Rico	35-54	Faculdade	Claritas Prizm™
Caçadeiras e pickups	Médio	35-64	Escola secundária	Claritas Prizm™
Cidade de Southside	Pobres	Mistura	Escola primária	Claritas Prizm™
Viver da terra	Médio-Pobre	Famílias em idade escolar	Baixa	Equifax MicroVision™
Universidade EUA	Muito baixo	Jovem - Mistura	Médio a elevado	Equifax MicroVision™
Anos de ocaso	Médio	Seniores	Médio	Equifax MicroVision™

Tabela 2.1: Algumas etiquetas de cluster disponíveis no mercado

Clusterização hierárquica e não hierárquica

Existem dois tipos principais de técnicas de agrupamento, as que criam uma hierarquia de agrupamentos e as que não criam. As técnicas de agregação hierárquica criam uma hierarquia de agregados de pequeno a grande porte. A principal razão para tal é que, como já foi referido, o agrupamento é uma técnica de aprendizagem não supervisionada e, como tal, não existe uma resposta absolutamente correcta. Por este motivo, e dependendo da aplicação específica do agrupamento, pode ser desejado um número menor ou maior de agrupamentos. Com uma hierarquia de clusters definida, é possível escolher o número de clusters que se pretende. No extremo, é possível ter tantos clusters quantos os registos existentes na base de dados. Neste caso, os registos dentro do agrupamento são otimamente semelhantes entre si (uma vez que existe apenas um) e certamente diferentes dos outros agrupamentos. Mas é claro que uma técnica de agrupamento deste tipo não é adequada, na medida em que a ideia do agrupamento é encontrar padrões úteis na base de dados que a resumam e a tornem mais fácil de compreender. Qualquer algoritmo de agrupamento que acabe com tantos agrupamentos quantos os registos não ajudou o utilizador a compreender melhor os dados. Assim, um dos pontos principais do agrupamento é que haja muito menos agrupamentos do que o número de registos originais. Exatamente quantos clusters devem ser formados é uma questão de interpretação. A vantagem dos métodos de agrupamento hierárquico é que permitem ao utilizador final escolher entre muitos ou poucos agrupamentos.

A hierarquia de clusters é normalmente vista como uma árvore em que os clusters mais pequenos se fundem para criar o nível mais elevado seguinte de clusters e os que se encontram nesse nível se fundem para criar o nível mais elevado seguinte de clusters. A Figura 2.3 abaixo mostra como vários clusters podem formar uma hierarquia. Quando uma hierarquia de clusters como esta é criada, o utilizador pode determinar qual o número certo de clusters que resume adequadamente os dados e, ao mesmo tempo, fornece informações úteis (no outro extremo, um único cluster que contenha todos os registos é um ótimo resumo, mas não contém informações específicas suficientes para ser útil).

Esta hierarquia de clusters é criada através do algoritmo que constrói os clusters. Existem dois tipos principais de algoritmos de agrupamento hierárquico:

- **Aglomerativa** - As técnicas de agrupamento aglomerativo começam com tantos clusters quantos os registos existentes, sendo que cada cluster contém apenas um registo. Os clusters mais próximos uns dos outros são fundidos para formar o maior cluster seguinte. Esta fusão é continuada até se construir uma hierarquia de clusters com apenas um único cluster contendo todos os registos no topo da hierarquia.
- **Divisivas** - As técnicas de agrupamento divisivas adoptam a abordagem oposta às técnicas aglomerativas. Estas técnicas começam com todos os registos num agrupamento e depois tentam dividir esse agrupamento em partes mais pequenas e, por sua vez, tentam dividir essas partes mais pequenas.

Duas das técnicas aglomerativas são as mais utilizadas para o agrupamento e têm mais algoritmos desenvolvidos para elas. As técnicas não hierárquicas são, em geral, mais rápidas de criar a partir da base de dados histórica, mas exigem que o utilizador tome uma decisão sobre o número de clusters pretendido ou sobre a "proximidade" mínima necessária para que dois registos estejam dentro do mesmo cluster. Estas técnicas não hierárquicas são muitas vezes executadas várias vezes, começando com um agrupamento arbitrário ou mesmo aleatório e, em seguida, melhorando iterativamente o agrupamento, baralhando alguns registos. Por vezes, estas técnicas criam agrupamentos que são criados com apenas uma passagem pela base de dados, acrescentando registos aos agrupamentos existentes quando estes existem e criando novos agrupamentos quando nenhum agrupamento existente é um bom candidato para o registo em causa. Dado que a definição dos clusters a formar pode depender destas escolhas iniciais sobre quais os clusters iniciais a escolher ou mesmo sobre o número de clusters, estas técnicas podem ser menos repetíveis do que as técnicas hierárquicas e podem, por vezes, criar demasiados ou poucos clusters, uma vez que o número de clusters é pré-determinado pelo utilizador e não determinado apenas pelos padrões inerentes à base de dados. Diagrama que mostra uma hierarquia de clusters. Os clusters do nível mais baixo são fundidos para formar clusters maiores *no* nível seguinte da hierarquia.

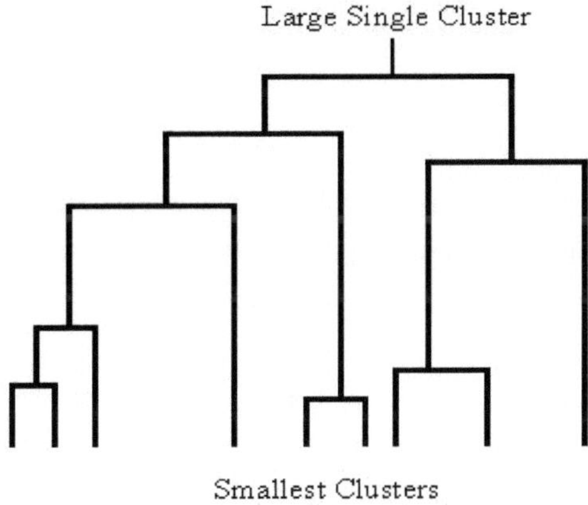

Figura 2.3: uma hierarquia de clusters

Agrupamento não hierárquico

Existem duas técnicas principais de agrupamento não hierárquico. Ambas são muito rápidas de calcular na base de dados, mas têm alguns inconvenientes. A primeira são os métodos de passagem única. O seu nome deriva do facto de a base de dados só ter de ser percorrida uma vez para criar os clusters (ou seja, cada registo só é lido da base de dados uma vez). As outras classes de técnicas são designadas por métodos de reafectação. O seu nome deriva do movimento ou "reafectação" de registos de um cluster para outro, de modo a criar clusters melhores. As técnicas de reafectação utilizam efetivamente várias passagens pela base de dados, mas são relativamente rápidas em comparação com as técnicas hierárquicas.

Algumas técnicas permitem que o utilizador solicite o número de clusters que gostaria que fossem extraídos dos dados. Predefinir o número de clusters em vez de o fazer com base nos dados pode parecer uma má ideia, uma vez que pode haver um agrupamento muito distinto e observável dos dados num determinado número de clusters de que o utilizador pode não ter conhecimento.

Por exemplo, o utilizador pode desejar ver os seus dados divididos em 10 clusters, mas os dados em si estão divididos de forma muito clara em 13 clusters. Estas técnicas não-hierárquicas tentarão juntar estes três clusters extra aos 10 existentes, em vez de criar 13 que melhor se ajustem aos dados. No entanto, a vantagem destes métodos é que, como vimos, não existe uma resposta correcta para a forma de agrupar, pelo que é raro que, ao predefinir arbitrariamente o número de clusters, se acabe por obter a resposta errada. Uma das vantagens destas técnicas é que, muitas vezes, o utilizador tem um nível predefinido de sumarização que lhe interessa (por exemplo, "25 clusters é demasiado confuso, mas 10 ajudar-me-ão a ter uma ideia dos meus dados"). O facto de um maior ou menor número de clusters corresponder melhor aos dados é, na verdade, de importância secundária.

2.3.3 Agrupamento hierárquico

O agrupamento hierárquico tem a vantagem, em relação às técnicas não hierárquicas, de os agrupamentos serem definidos exclusivamente pelos dados (e não pelos utilizadores que predeterminam o número de agrupamentos) e de o número de agrupamentos poder ser aumentado ou diminuído através de um simples movimento para cima e para baixo na hierarquia. A hierarquia é criada começando no topo (um cluster que inclui todos os registos) e subdividindo (agrupamento divisivo) ou começando na base com tantos clusters quantos os registos e fundindo-os (agrupamento aglomerativo). Normalmente, a fusão e a subdivisão são efectuadas dois clusters de cada vez.

A principal distinção entre as técnicas é a sua capacidade de favorecer os clusters longos e irregulares, ligados entre si registo a registo, ou de favorecer a deteção do cluster mais clássico, compacto ou esférico, apresentado no início desta secção. Pode parecer estranho querer formar estas longas cadeias serpenteantes como grupos, mas em alguns casos são os padrões que o utilizador gostaria de detetar na base de dados. É nestas alturas que o espaço subjacente tem um aspeto bastante diferente dos agrupamentos esféricos e os agrupamentos que devem ser formados não se baseiam na distância ao centro do agrupamento, mas sim nos registos que estão "ligados" entre si.

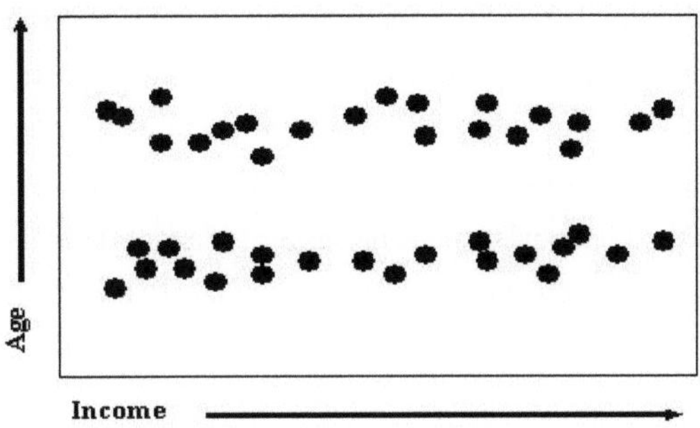

Figura 2.4: Um aglomerado alongado

um exemplo de aglomerados alongados que não seriam recuperados pelos métodos da ligação completa ou de Ward, mas que o seriam pelo método da ligação simples.

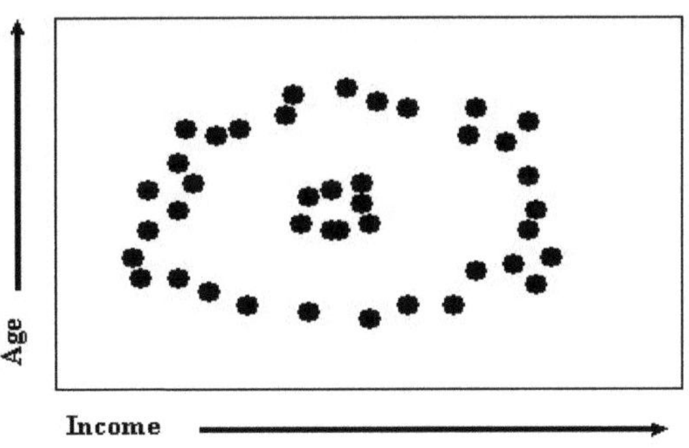

Figura 2.5: Um agrupamento aninhado

Considere-se o exemplo apresentado na Figura 2.4 ou na Figura 2.5. Nestes casos, há dois grupos que não têm uma forma muito esférica, mas que podem ser detectados pela técnica de ligação simples. Quando se observa a disposição dos dados na Figura 2.4, parece haver dois grupos relativamente planos que correm paralelamente ao longo do eixo do rendimento. No entanto, nem o método da ligação completa nem o método de Ward devolveriam estes dois grupos ao utilizador. Estas técnicas baseiam-se na criação de um "centro" para cada agrupamento e na escolha destes centros de forma a minimizar a distância média de cada registo a este centro. Os pontos que estão muito distantes destes centros seriam necessariamente incluídos num agrupamento diferente. O que torna estes agrupamentos "visíveis" neste espaço bidimensional simples é o facto de cada ponto de um agrupamento estar fortemente ligado a outro ponto do agrupamento? Para os dois clusters, vemos que a distância máxima entre os dois pontos mais próximos num cluster é inferior à distância mínima entre os dois pontos mais próximos em clusters diferentes. Isto quer dizer que, para qualquer ponto neste espaço, o ponto mais próximo será sempre outro ponto no mesmo agrupamento. Ora, o centro de gravidade de um agrupamento pode estar bastante distante de um dado ponto, mas cada ponto está ligado a todos os outros pontos por uma série de pequenas distâncias.

REGRESSÃO

Em estatística, a previsão é normalmente sinónimo de regressão de alguma forma. Existem vários tipos de regressão em estatística, mas a ideia básica é a criação de um modelo que mapeie os valores dos factores de previsão de forma a que o erro na previsão seja o menor possível. A forma mais simples de regressão é a regressão linear simples, que contém apenas um fator de previsão e uma previsão. A relação entre os dois pode ser mapeada num espaço bidimensional e os registos traçados para os valores de previsão ao longo do eixo Y e os valores de previsão ao longo do eixo X. O modelo de regressão linear simples pode então ser visto como a linha que minimiza a taxa de erro entre o valor real da previsão e o ponto na linha (a previsão do modelo). Graficamente, isso teria a aparência mostrada na Figura 2.6. A forma mais simples de regressão procura construir um modelo preditivo que é uma linha que mapeia entre cada valor preditor e um valor de previsão. Das muitas linhas possíveis que poderiam ser traçadas através dos dados, a que minimiza a distância entre a linha e os pontos de dados é a que é escolhida para o modelo preditivo. Em média, se adivinhar o valor na linha, este deverá representar um compromisso aceitável entre todos os dados que, nesse momento, dão respostas contraditórias. Da mesma forma, se não houver dados disponíveis para um determinado valor de entrada, a linha fornecerá a melhor estimativa de uma resposta razoável com base em dados semelhantes.

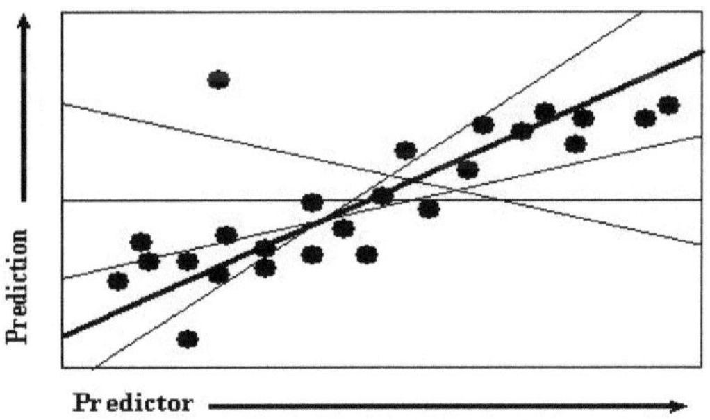

Figura 2.6: Modelo de previsão

A regressão linear é semelhante à tarefa de encontrar a linha que minimiza a distância total a um conjunto de dados. O modelo de previsão é a linha apresentada na Figura 2.6. O modelo preditivo é a linha mostrada na Figura 2.6. A linha pegará um determinado valor para um preditor e o mapeará em um determinado valor para uma previsão. A equação atual seria mais ou menos assim: Previsão = a + b * Preditor. Que é apenas a equação para uma linha Y = a + bX. Por exemplo, para um banco, o saldo bancário médio previsto do consumidor pode ser igual a US$ 1.000 + 0,01 * renda anual do cliente. O truque, como sempre acontece com a modelagem preditiva, é encontrar o modelo que melhor minimiza o erro. A forma mais comum de calcular o erro é o quadrado da diferença entre o valor previsto e o valor real. Calculado desta forma, os pontos que estão muito longe da linha terão um grande efeito em mover a escolha da linha na sua direção, de modo a reduzir o erro. Os valores de a e b na equação de regressão que minimizam este erro podem ser calculados diretamente a partir dos dados de forma relativamente rápida.

A regressão pode tornar-se mais complicada do que a regressão linear simples que introduzimos até agora. Pode tornar-se mais complicada de várias formas diferentes, de modo a modelar melhor problemas específicos da base de dados. Há, no entanto, três modificações principais que podem ser feitas:

1. Podem ser utilizados mais factores de previsão do que apenas um.

2. As transformações podem ser aplicadas aos factores de previsão.

3. Os preditores podem ser multiplicados e utilizados como termos na equação.

4. Podem ser efectuadas modificações para acomodar previsões de resposta que tenham apenas valores sim/não ou 0/1.

A adição de mais factores de previsão à equação linear pode produzir linhas mais complicadas que têm em conta mais informações e, por conseguinte, fazem uma melhor previsão. A isto chama-se regressões lineares múltiplas e pode ter uma equação como a seguinte se forem utilizados 5 factores de previsão (X1, X2, X3, X4, X5):

$$Y = a + b1(X1) + b2(X2) + b3(X3) + b4(X4) + b5(X5)$$

Esta equação continua a descrever uma reta, mas agora é uma reta num espaço de 6 dimensões em vez do espaço de duas dimensões.

Transformando os factores de previsão ao quadrado, ao cubo ou tomando a sua raiz quadrada, é possível utilizar a mesma metodologia geral de regressão e criar agora modelos muito mais complexos que já não têm a forma de linhas simples. A isto chama-se regressão não linear. Um modelo de apenas um fator de previsão pode ter o seguinte aspeto $Y = a + b1(X1) + b2$ (X12). Em muitos casos do mundo real, os analistas efectuam uma grande variedade de transformações nos seus dados apenas para as experimentar. Se não contribuírem para um modelo útil, os seus coeficientes na equação tenderão para zero e podem então ser removidos. A outra transformação dos valores do preditor que é frequentemente efectuada é a multiplicação dos mesmos. Por exemplo, um novo fator de previsão criado pela divisão do salário horário pelo salário mínimo pode ser um fator de previsão muito mais eficaz do que o salário horário por si só.

Quando se tenta prever uma resposta de um cliente que é apenas sim ou não (por exemplo, comprou o produto ou não comprou, entrou em incumprimento ou não entrou), a forma padrão de uma reta não funciona. Como há apenas dois valores possíveis a serem previstos, é relativamente fácil ajustar uma linha através deles. No entanto, esse modelo seria o mesmo, independentemente dos factores de previsão utilizados ou dos dados específicos utilizados. Normalmente, nestas situações, é efectuada uma transformação dos valores de previsão de modo a obter um modelo de previsão melhor. Este tipo de regressão é designado por regressão logística e, como muitos problemas empresariais são problemas de resposta, a regressão logística é uma das técnicas estatísticas mais utilizadas para criar modelos de previsão.

3.1 REGRAS DE ASSOCIAÇÃO E CONJUNTOS DE ITENS FREQUENTES

O problema do cabaz de compras pressupõe que temos um grande número de artigos, por exemplo, "pão", "leite". Os clientes têm os seus cestos de compras com um subconjunto de artigos, e ficamos a saber que artigos as pessoas compram em conjunto, mesmo que não saibamos quem são. Os comerciantes utilizam esta informação para posicionar os artigos e controlar a forma como um cliente típico percorre a loja. Para além da aplicação de marketing, o mesmo tipo de pergunta tem as seguintes utilizações:

1. Cestos = documentos; itens = palavras.

As palavras que aparecem frequentemente juntas em documentos podem representar frases ou conceitos ligados. Pode ser utilizado para recolha de informações.

2. Cestos = frases, itens = documentos.

> Dois documentos com muitas das mesmas frases podem representar plágio ou sites
> espelho na Web.

A extração de dados é a descoberta de informações ocultas nas bases de dados e pode ser considerada como uma etapa do processo de descoberta de conhecimentos [5]. As funções de extração de dados incluem o agrupamento, a classificação, a previsão e a análise de ligações (associações). Uma das aplicações mais importantes da extração de dados é a extração de regras de associação. As regras de associação [6], introduzidas pela primeira vez em 1993, são utilizadas para identificar relações entre um conjunto de itens numa base de dados. Estas relações não se baseiam em propriedades inerentes aos próprios dados (como acontece com as dependências funcionais), mas sim na coocorrência dos itens de dados.

A extração de regras de associação encontra relações interessantes de associação ou correlação entre um grande conjunto de itens de dados. As regras de associação são utilizadas para prever a associatividade de duas ou mais coisas em conjunto com base na análise de factos e números disponíveis.

Definição

Seja I ={I1, I2, ... , Im} um conjunto de m atributos distintos, também designados por *literais*. Seja D uma base de dados, em que cada registo (tuplo) T tem um identificador único e contém um conjunto de itens tal que T$\subseteq$ I. Uma *regra de associação* [6] é uma implicação da forma X =>Y, onde X, Y$\subseteq$ I, são conjuntos de itens chamados *conjuntos de itens*, e X $\cap$ Y=$\emptyset$. Aqui, X é chamado de antecedente, e Y de consequente.

Duas medidas importantes para as regras de associação, o apoio (s) e a confiança (α), podem ser definidas do seguinte modo

Apoio

O *suporte (s)* de uma regra de associação é o rácio (em percentagem) dos registos que contêm XUY em relação ao número total de registos na base de dados. Por conseguinte, se dissermos que o apoio de uma regra é de 5%, isso significa que 5% do total de registos contêm XUY. O suporte é a significância estatística de uma regra de associação. Os gerentes das mercearias provavelmente não estariam preocupados com a relação entre a manteiga de amendoim e o pão se menos de 5% das transacções da loja tivessem esta combinação de compras. Embora um suporte elevado seja frequentemente desejável para regras de associação, nem sempre é esse o caso. Por exemplo, se estivéssemos a utilizar regras de associação para prever a falha de nós de comutação de telecomunicações com base no conjunto de eventos que ocorrem antes da falha, mesmo que estes eventos não ocorram com muita frequência, as regras de associação que mostram esta relação continuariam a ser importantes.

Confiança

Para um determinado número de registos, *a confiança (α)* é o rácio (em percentagem) entre o número de registos que contêm XUY e o número de registos que contêm X. Assim, se dissermos que uma regra tem uma confiança de 85%, isso significa que 85% dos registos que contêm X também contêm Y. A confiança de uma regra indica o grau de correlação no conjunto de dados entre X e Y. A confiança é uma medida da força de uma regra. Muitas vezes, é necessária uma grande confiança para as regras de associação. Se um conjunto de eventos ocorrer uma pequena percentagem de vezes antes de uma falha de um interrutor ou se um produto for comprado muito raramente com manteiga de amendoim, estas relações podem não ser muito úteis para a gestão.

A extração de regras de associação é um processo em duas etapas:

1) Encontrar todos os conjuntos de itens que ocorrem com uma frequência que é maior ou igual ao

Limiar de apoio especificado pelo utilizador, s.

2) Gerar as regras pretendidas utilizando os grandes conjuntos de itens, que têm um limiar de confiança *α* especificado pelo utilizador.

A primeira etapa do algoritmo permite encontrar conjuntos de itens *grandes* ou *frequentes*. Os conjuntos de itens que não sejam estes são designados por *conjuntos de itens pequenos*. Aqui, um conjunto de itens é um subconjunto do conjunto total de itens de interesse da base de dados. Uma observação interessante (e útil) sobre conjuntos de itens grandes é que: Se um conjunto de itens X é pequeno, qualquer superconjunto de X também é pequeno. É claro que a contra-positiva desta afirmação (se X é um conjunto de itens grande, então qualquer subconjunto de X também o é) também é importante de recordar. Utilizamos L para designar o conjunto dos conjuntos de itens grandes. O segundo passo do Algoritmo encontra regras de associação utilizando os conjuntos de itens grandes obtidos no primeiro passo.

Considere-se uma pequena base de dados com quatro itens I = {Pão, Manteiga, Ovos, Leite} e quatro transacções, como mostra a Tabela 3.1. A Tabela 3.2 mostra todos os conjuntos de itens para I. Suponha que o suporte mínimo e a confiança mínima de uma regra de associação são 40% e 60%, respetivamente. Existem várias regras de associação potenciais. Para efeitos de discussão, analisamos apenas as da Tabela 3.3. Em primeiro lugar, temos de descobrir se todos os conjuntos de itens nessas regras são grandes. Em segundo lugar, temos de verificar se uma regra tem uma confiança de pelo menos 60%. Se as condições acima forem satisfeitas para uma regra, podemos dizer que existem provas suficientes para concluir que a regra é válida com uma confiança de 60%. Os conjuntos de itens associados às regras acima mencionadas são: {Pão, Manteiga} e {Manteiga, Ovos}. O suporte de cada conjunto de itens individual é de pelo menos 40% (ver Tabela 3.2). Por conseguinte, todos estes conjuntos de itens são grandes. A confiança de cada regra é apresentada na Tabela 3.3. É evidente que a primeira regra (Pão =>⬜Butter) é válida. No entanto, a segunda regra (Manteiga =>⬜Eggs) não é válida porque a sua confiança é inferior a 60%.

ID da transação	Artigos
T1	Pão, manteiga, ovos
T2	Manteiga, ovos, leite
T3	Manteiga
T4	Pão, Manteiga

Quadro 3.1: Base de dados de transacções

Conjunto de itens	Apoio, S	Grande / Pequeno
Pão	50	Grande
Manteiga	100	Grande
Ovos	50	Grande
Leite	25	Pequeno
Pão, Manteiga	50	Grande
Pão, ovos	25	Pequeno
Pão, leite	0	Pequeno
Manteiga, Ovos	50	Grande
Manteiga, Leite	25	Pequeno
Ovos, leite	25	Pequeno
Pão, manteiga, ovos	25	Pequeno
Pão, manteiga, leite	0	Pequeno
Pão, ovos, leite	0	Pequeno
Manteiga, ovos, leite	25	Pequeno
Pão, manteiga, ovos, leite	0	Pequeno

Tabela 3.2: Suporte para Conjuntos de Itens na Tabela 3.1 e Conjuntos de Itens Grandes com um suporte de 40

Regra	Confiança	Regra de retenção

Pão => Manteiga	100%	SIM
Manteiga => Pão	50%	NÃO
Manteiga => Ovos	50%	NÃO
Ovos => Manteiga	100%	SIM

Tabela 3.3: Confiança de algumas regras de associação em que α =60%

Existem muitos tipos de regras de associação. As regras de associação podem ser classificadas de várias formas, com base nos seguintes critérios:

❖ **Com base nos tipos de valores tratados na regra:**

Se uma regra diz respeito a associações entre a presença ou ausência de itens, trata-se de uma **regra de associação booleana.** Se uma regra descreve associações entre itens ou atributos quantitativos, então é uma **regra de associação quantitativa.**

❖ **Com base na dimensão dos dados envolvidos na regra:**

Se o item ou os atributos numa regra de associação referirem apenas uma dimensão, trata-se de uma **regra de associação unidimensional.** Se uma regra fizer referência a duas ou mais dimensões, então é uma **regra de associação multidimensional.**

❖ **Com base nos níveis de abstração envolvidos no conjunto de regras:**

Alguns métodos de extração de regras de associação podem descobrir regras a diferentes níveis de abstração, pelo que o conjunto de regras extraído é designado por **regras de associação de nível múltiplo.** Se as regras de um determinado conjunto não fizerem referência a itens ou atributos de diferentes níveis de abstração, então o conjunto contém **regras de associação de nível único.**

❖ **Com base nas várias extensões da extração de associações:**

A extração de associações pode ser alargada à análise de correlação, onde a ausência ou presença de itens correlacionados pode ser identificada.

ALGORITMOS BÁSICOS

Nesta secção, apresentamos um levantamento dos algoritmos existentes para gerar regras de associação. A maioria dos algoritmos utilizados para identificar grandes conjuntos de itens pode ser classificada como sequencial ou paralela. Na maioria dos casos, parte-se do princípio de que os conjuntos de itens são identificados e armazenados por ordem lexicográfica (com base no nome do item). Esta ordenação proporciona uma forma lógica de gerar e contar conjuntos de itens. Esta é a abordagem normal dos algoritmos sequenciais. Por outro lado, os algoritmos paralelos centram-se na forma de paralelizar a tarefa de encontrar grandes conjuntos de itens. Nas subsecções seguintes, descrevemos características importantes dos algoritmos propostos anteriormente. Descrevemos todas as técnicas, mas apenas incluímos uma descrição do algoritmo e analisamos a sua utilização com um exemplo de um subconjunto representativo destes algoritmos.

1. Algoritmos Apriori
2. Particionamento
3. Contagem de conjuntos de itens dinâmicos
4. Algoritmos paralelos e distribuídos
5. Distribuição híbrida

3.2.1 ALGORITMO APRIORI

O algoritmo Apriori, desenvolvido por Agrawal, 1994 [6], é uma grande conquista na história da extração de regras de associação. É, de longe, o algoritmo de regras de associação mais conhecido. Esta técnica utiliza a propriedade de que qualquer subconjunto de um grande conjunto de objectos deve ser um grande conjunto de objectos. Além disso, assume-se que os itens de um conjunto de itens são mantidos por ordem lexicográfica. As diferenças fundamentais entre este algoritmo e os algoritmos AIS e SETM são a forma de gerar conjuntos de itens candidatos e a seleção de conjuntos de itens candidatos para contagem. Como já foi referido, tanto no algoritmo AIS como no SETM, são obtidos os conjuntos de artigos comuns entre os grandes conjuntos de artigos da passagem anterior e os artigos de uma transação. Estes conjuntos de itens comuns são alargados com outros itens individuais da transação para gerar conjuntos de itens candidatos. No entanto, esses itens individuais podem não ser grandes. Como sabemos que um superconjunto de um conjunto de itens grande e um conjunto de itens pequeno resultará num conjunto de itens pequeno, estas técnicas geram demasiados conjuntos de itens candidatos que acabam por ser pequenos. O algoritmo Apriori aborda esta importante questão. O Apriori gera os conjuntos de itens candidatos juntando os conjuntos de itens grandes da passagem anterior e eliminando os subconjuntos que são pequenos na passagem anterior sem considerar as transacções na base de dados. Ao considerar apenas os conjuntos de itens grandes da passagem anterior, o número de conjuntos de itens grandes candidatos é significativamente reduzido. Na primeira passagem, os conjuntos de itens com apenas um item são contados. Os grandes conjuntos de itens descobertos na primeira passagem são utilizados para gerar os conjuntos candidatos da segunda passagem utilizando a função apriori_gen(). Uma vez encontrados os conjuntos de itens candidatos, os seus suportes são contados para descobrir os conjuntos de itens grandes de tamanho dois, fazendo uma pesquisa na base de dados. Na terceira passagem, os grandes conjuntos de itens da segunda passagem são considerados como conjuntos candidatos para descobrir os grandes conjuntos de itens desta passagem. Este processo iterativo termina quando não são encontrados novos conjuntos de objectos de grande dimensão. Cada passagem i do algoritmo percorre a base de dados uma vez e determina os grandes conjuntos de objectos de tamanho i. Li denota os grandes conjuntos de objectos de tamanho i, enquanto Ci são os candidatos de tamanho i. A função apriori_gen(), tal como descrita em [Agrawal1994], tem duas etapas. No primeiro passo, Lk-1 junta-se a si próprio para obter Ck. No segundo passo, apriori_gen() elimina todos os conjuntos de itens do resultado da junção, que têm algum subconjunto (k-1) que não está em Lk-1. Depois, devolve os restantes k-conjuntos de itens grandes.

Function count(C: a set of itemsets, D: database)

begin

  for each transaction T $\in$ D= $\cup$Di do begin

    forall subsets x $\subseteq$ T do

      if x $\in$ C then

        x.count++;

  end

end

Method: apriori_gen() [6]

Input:

    Set of all large (k-1)-itemsets Lk-1

Output:

    A superset of the set of all large k-itemsets

//Join step

I_i = Items i

Insert into C_k

Select $p.I_1$, $p.I_2$, ... , $p.I_{k-1}$, q $.I_{k-1}$

From L_{k-1} is p, L_{k-1} is q

Where $p.I_1 = q.I_1$ and …… and $p.I_{k-2} = q.I_{k-2}$ and $p.I_{k-1} < q.I_{k-1}$.

//pruning step

for all itemsets $c \in C_k$ do

forall (k - 1) - subsets s of c do

If $(s \notin L_{k-1})$ then

delete c from Ck .

Algorithm 3. Apriori [6]

Input: I, D, s

Output: L

Algorithm:

//Apriori Algorithm proposed by Agrawal R., Srikant, R. [6]

//procedure LargeItemsets

1) C_1: = I; //Candidate 1-itemsets

2) Generate L_1 by traversing database and counting each occurrence of an attribute in a transaction;

3) for (k = 2; $L_{k-1} \neq \varnothing$; k++) do begin

//Candidate Itemset generation

//New k-candidate itemsets are generated from (k-1)-large itemsets

4) C_k = apriori-gen(L_{k-1});

//Counting support of C_k

5) Count (C_k, D)

6) L_k = {c $\in$ C_k | c.count $\geq$ minsup}

7) end

9) L:= $\cup_k L_k$

A Figura 3.1 ilustra o funcionamento do algoritmo Apriori no exemplo anterior. Inicialmente, cada item do conjunto de itens é considerado como um conjunto de itens candidatos de 1 item. Assim, C1 tem quatro conjuntos de 1 item candidatos que são {Pão}, {Manteiga}, {Ovos} e {Leite}. L1 consiste nos conjuntos de 1 item de C1 com apoio maior ou igual a 0,4. C2 é formado juntando L1 com ele próprio e eliminando quaisquer conjuntos de itens que tenham subconjuntos que não estejam em L1. Desta forma, obtemos C2 como {{Manteiga de pão}, {Ovos de pão}, {Ovos de manteiga}}. Contando o suporte de C2, L2 é {{Bread Butter}, {Butter Eggs}}. Usando apriori_gen(), não obtemos nenhum conjunto de itens candidato para a terceira ronda. Isto deve-se ao facto de as condições para juntar L2 a si próprio não serem satisfeitas.

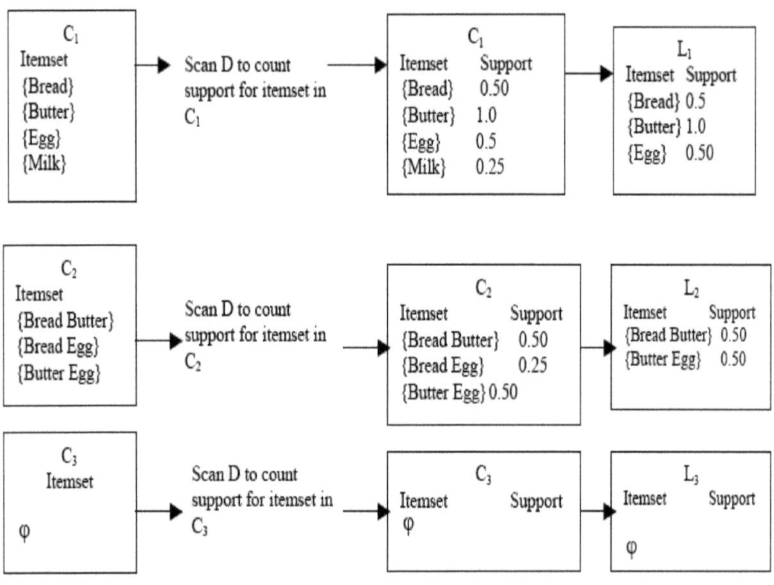

Figura 3.1: Funcionamento do Algoritmo Apriori

Partição

PARTITION [Savasere1995] [4] reduz o número de pesquisas na base de dados para 2. Divide a base de dados em pequenas partições, de modo a que cada partição possa ser tratada na memória principal. Sejam as partições da base de dados D1, D2, ..., Dp. Na primeira pesquisa, encontra os *grandes conjuntos de itens locais* em cada partição Di, ou seja, {X |X.count ≥□s □□|Di|}. Os grandes conjuntos de objectos locais, Li, podem ser encontrados utilizando um algoritmo de nível, como o Apriori. Uma vez que cada partição pode caber na memória principal, não haverá E/S de disco adicional para cada partição após o carregamento da partição na memória principal. Na segunda verificação, é utilizada a propriedade de que um conjunto de itens grandes em toda a base de dados deve ser localmente grande em pelo menos uma partição da base de dados. Em seguida, a união dos grandes conjuntos de itens locais encontrados em cada partição é utilizada como candidatos e é contada em toda a base de dados para encontrar todos os grandes conjuntos de itens.

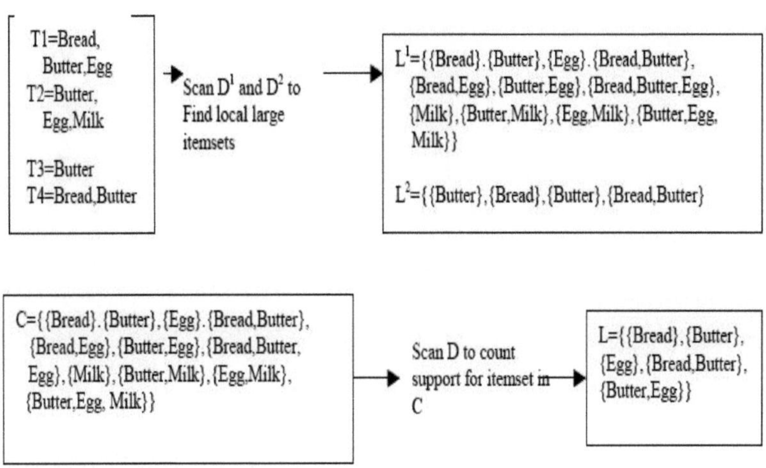

Figura 3.2: Funcionamento do algoritmo de partição

Se a base de dados estiver dividida em duas partições, a primeira partição contém as duas primeiras transacções e a segunda partição as restantes duas transacções. Como o suporte mínimo é de 40% e só há duas transacções em cada partição, um conjunto de itens que ocorra uma vez será grande. Então, os grandes conjuntos de itens locais nas duas partições são apenas todos os subconjuntos das transacções. A sua união é o conjunto dos conjuntos de itens candidatos para a segunda pesquisa. O algoritmo é apresentado no Algoritmo 4. Note-se que utilizamos sobrescritos para indicar as partições da base de dados e subscritos para indicar os tamanhos dos conjuntos de itens. A PARTIÇÃO favorece uma distribuição homogénea dos dados. Ou seja, se a contagem de um conjunto de itens for distribuída uniformemente em cada partição, então a maioria dos conjuntos de itens a serem contados na segunda pesquisa serão grandes.

Algoritmo, Partição

Entrada:

$$I, s, D^1, D^2, \ldots\ldots\ldots\ldots,D^p$$

Output:

L

Algorithm:

// scan one computers the local large itemsets in each partition

1) for i from 1 to p do

2) L^i = Apriori(I, D^i, s); // L^i are local large itemsets (all size) in Di

//scan two counts the union of local large itemsets in all partitions

3) $C = \cup_i L^i$;

4) count(C,D) = $\cup$ Di;

5) return L={X | X $\in$ C, X.count $\geq$ s x |D|};

No entanto, para uma distribuição de dados enviesada, a maioria dos conjuntos de itens no segundo scan pode revelar-se pequena, desperdiçando assim muito tempo de CPU na contagem de conjuntos de itens falsos. O AS-CPA (Anti- Skew Counting Partition Algorithm) [Lin 2002] [7] é uma família de algoritmos anti-skew, que foram propostos para melhorar o PARTITION quando a distribuição dos dados é enviesada. No primeiro scan, as contagens dos conjuntos de itens encontrados nas partições anteriores são acumuladas e incrementadas nas partições posteriores. As contagens acumuladas são utilizadas para eliminar os conjuntos de itens que são susceptíveis de serem pequenos. Devido às técnicas de poda antecipada, o número de conjuntos de itens falsos a serem contados na segunda varredura é reduzido.

3.2.3 Contagem dinâmica de conjuntos de itens

O DIC (Contagem Dinâmica de Conjuntos de Itens) [Brin1997a] tenta gerar e contar os conjuntos de itens mais cedo, reduzindo assim o número de pesquisas na base de dados. A base de dados é vista como intervalos de transacções, e os intervalos são analisados sequencialmente. Durante a pesquisa do primeiro intervalo, os conjuntos de 1 itens são gerados e contados. No final do primeiro intervalo, são gerados os conjuntos de 2 itens potencialmente grandes. Durante a leitura do segundo intervalo, todos os conjuntos de 1 e 2 elementos gerados são contados. No fim do segundo intervalo, são gerados os conjuntos de 3 elementos potencialmente grandes, que são contados durante a exploração do terceiro intervalo juntamente com os conjuntos de 1 e 2 elementos. Em geral, no fim do *k-ésimo* intervalo, os (k+1)-conjuntos de itens potencialmente grandes são gerados e contados juntamente com os conjuntos de itens anteriores nos intervalos posteriores. Quando se chega ao fim da base de dados, volta-se ao início e contam-se os conjuntos de itens que ainda não foram totalmente contados. O número efetivo de pesquisas na base de dados depende do tamanho do intervalo. Se o intervalo for suficientemente pequeno, todos os conjuntos de itens serão gerados na primeira pesquisa e totalmente contados na segunda. Também favorece uma distribuição homogénea, tal como o PARTITION.

Algoritmos paralelos e distribuídos

Os algoritmos paralelos e distribuídos actuais baseiam-se no algoritmo em série Apriori.

Uma excelente pesquisa apresentada em [Zaki1999] classifica os algoritmos por estratégia de balanceamento de carga, arquitetura e paralelismo. Aqui centramo-nos no paralelismo utilizado: *paralelismo de dados* e *paralelismo de tarefas* [Chat1997]. Os dois paradigmas diferem no facto de o conjunto de candidatos ser ou não distribuído pelos processadores. No paradigma do paralelismo de dados, cada nó conta o mesmo conjunto de candidatos. No paradigma do paralelismo de tarefas, o conjunto de candidatos é particionado e distribuído pelos processadores, e cada nó conta um conjunto diferente de candidatos. No entanto, teoricamente, a base de dados pode ou não ser particionada em qualquer um dos paradigmas. Na prática, para uma E/S mais eficiente, assume-se normalmente que a base de dados está particionada e distribuída pelos processadores. No paradigma do paralelismo de dados, um algoritmo representativo é o algoritmo de distribuição de contagens em [Agrawal1996]. Os candidatos são duplicados em todos os processadores e a base de dados é distribuída pelos processadores. Cada processador é responsável por calcular as *contagens de suporte local* de todos os candidatos, que são as contagens de suporte na sua partição da base de dados. Em seguida, todos os processadores calculam as contagens de *apoio global* dos candidatos, que são as contagens de apoio total dos candidatos em toda a base de dados, trocando as contagens de apoio local (redução global). Subsequentemente, os grandes conjuntos de itens são calculados por cada processador de forma independente. O paradigma do paralelismo de dados é ilustrado na Figura 3.3 utilizando os dados da Tabela 3.1.

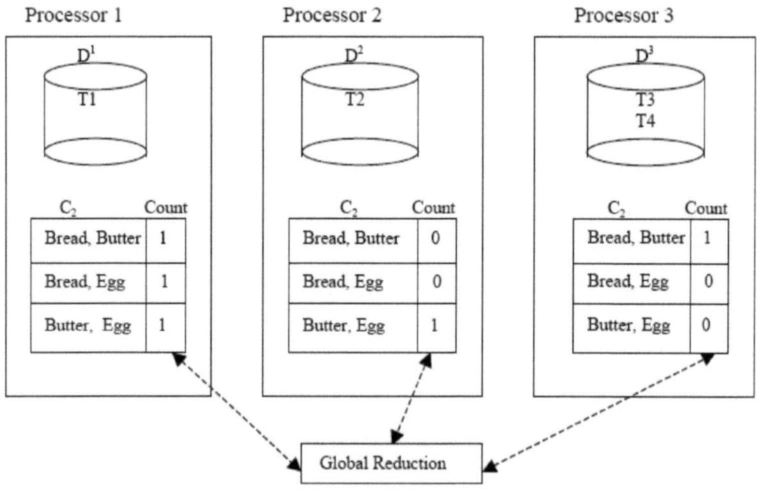

Figura 3.3: Paradigma do paralelismo de dados

As quatro transacções estão repartidas pelos três processadores, cabendo ao processador 3 duas transacções T3 e T4, ao processador 1 a transação T1 e ao processador 2 a transação T2. Os três conjuntos de itens candidatos na segunda pesquisa são duplicados em cada processador. As contagens de suporte local são apresentadas após a pesquisa das bases de dados locais.

No paradigma do paralelismo de tarefas, um algoritmo representativo é o algoritmo de distribuição de dados em [Agrawal1996]. O conjunto de candidatos é particionado e distribuído pelos processadores, tal como a base de dados. Cada processador é responsável por manter as contagens de suporte global de apenas um subconjunto dos candidatos. Esta abordagem requer duas rondas de comunicação em cada iteração. Na primeira ronda, cada processador envia a sua partição da base de dados a todos os outros processadores. Na segunda ronda, cada processador transmite os grandes conjuntos de itens que encontrou a todos os outros processadores para calcular os candidatos para a próxima iteração. O paradigma de paralelismo de tarefas é mostrado na Figura 3.4 usando os dados da Tabela 3.1. As quatro transacções são particionadas como no paralelismo de dados. Os três conjuntos de itens candidatos são particionados entre os processadores, tendo cada processador um conjunto de itens candidatos. Depois de analisar a base de dados local e as partições da base de dados transmitidas pelos outros processadores, é apresentada a contagem global de cada candidato.

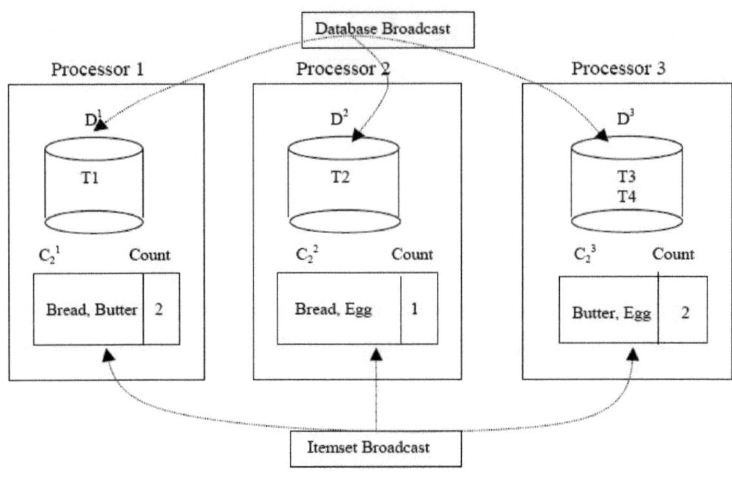

Figura 3.4: Paradigma do Paralelismo de Tarefas

Distribuição híbrida

HD (Hybrid Distribution) foi proposto em [Han1997], que combina os dois paradigmas.

Assume que os p processadores estão dispostos numa grelha bidimensional de r linhas e p/r colunas. A base de dados é dividida igualmente entre os p processadores. O conjunto de candidatos Ck é particionado nas colunas desta grelha (ou seja, partições p/n, tendo cada coluna uma partição de conjuntos de candidatos), e a partição de conjuntos de candidatos em cada coluna é duplicada em todos os processadores ao longo de cada linha para essa coluna. Agora, qualquer algoritmo de distribuição de dados pode ser executado independentemente ao longo de cada coluna da grelha, e as contagens globais de cada subconjunto de Ck são obtidas efectuando uma operação de redução ao longo de cada linha da grelha, como no paradigma do paralelismo de dados. A arquitetura de grelha assumida pode ser vista como uma generalização de ambos os paradigmas, ou seja, se o número de colunas na grelha for um, reduz-se ao paradigma do paralelismo de tarefas, e se o número de linhas na grelha for um, reduz-se ao paradigma do paralelismo de dados. Com a distribuição híbrida, a sobrecarga de comunicação para mover a base de dados é reduzida, uma vez que as partições da base de dados só precisam de ser movidas ao longo das colunas do processador.

Métodos sobre bases de dados de transacções comprimidas

4.1 ABORDAGEM DE EXTRACÇÃO DE DADOS EM TRANSACÇÕES COMPRIMIDAS

Numa era de explosão do conhecimento, o crescimento dos dados aumenta rapidamente de dia para dia. Uma vez que o armazenamento de dados é um recurso limitado, a forma de reduzir o espaço de dados no processo torna-se um desafio. A compressão de dados é uma boa solução que pode reduzir o espaço necessário. A extração de dados tem muitas aplicações úteis nos últimos anos, porque pode ajudar os utilizadores a descobrir conhecimentos interessantes em grandes bases de dados. No entanto, os algoritmos de compressão existentes não são adequados para a extração de dados. Foram propostas duas abordagens diferentes para comprimir bases de dados e depois efetuar o processo de extração de dados. No entanto, todas elas não têm a capacidade de descomprimir os dados para o seu estado original e melhorar o desempenho da extração de dados. Para resolver estes problemas, foi proposta uma nova abordagem designada por Mining Merged Transactions with the Quantification Table (MMTQT). A MMTQT utiliza a relação entre transacções para fundir transacções relacionadas e constrói uma tabela de quantificação para eliminar os conjuntos de itens candidatos que são impossíveis de se tornarem frequentes, a fim de melhorar o desempenho da extração de regras de associação. As experiências mostram que o MMTQT tem um desempenho melhor do que as abordagens existentes. Na era da Internet, uma grande quantidade de dados está a ser acumulada muito rapidamente. Consequentemente, é necessário muito tempo e esforço para processar esses dados com vista à descoberta de conhecimentos e à tomada de decisões. A compressão de dados é uma das boas soluções para reduzir a dimensão dos dados, o que pode poupar tempo à descoberta de conhecimentos úteis através da utilização de métodos adequados, por exemplo, a extração de dados. A extração de dados é utilizada para ajudar os utilizadores a descobrir mais facilmente conhecimentos interessantes e úteis. A aplicação da extração de regras de associação é cada vez mais popular nos últimos anos devido às suas vastas aplicações em muitos domínios, como a análise de acções, a extração de registos da Web, o diagnóstico médico, a análise do mercado de clientes e a bioinformática. Nesta investigação, o foco principal é a extração de regras de associação e o pré-processamento de dados com compressão de dados. M.C. Hung *et al.*[1] propuseram um processo de descoberta de conhecimentos a partir de bases de dados comprimidas, que pode ser decomposto nas duas etapas seguintes:

(1) Etapa de pré-processamento dos dados:

O pré-processamento de dados transforma a base de dados original numa nova representação de dados em que várias transacções são fundidas para se tornarem uma nova transação. Eventualmente, gera uma nova base de dados de transacções no final da etapa de pré-processamento de dados.

(2) Etapa de extração de dados:

Utiliza um algoritmo do tipo Apriori de extração de regras de associação para encontrar informações úteis. Os pormenores são descritos mais adiante. Esta abordagem apresenta alguns problemas. Em primeiro lugar, a base de dados comprimida não é reversível depois de a base de dados original ter sido transformada pela etapa de pré-processamento dos dados. É muito difícil manter esta base de dados no futuro. Em segundo lugar, embora algumas regras possam ser extraídas das novas transacções, continua a ser necessário analisar novamente a base de dados para verificar o resultado. Isto deve-se ao facto de a etapa de extração de dados produzir resultados potencialmente ambíguos. É um problema grave analisar a base de dados várias vezes, devido ao elevado custo de voltar a verificar os conjuntos de elementos frequentes.

Outra solução foi desenvolvida por Mafruz Zaman Ashrafi *et al.*[2]. No entanto, esta solução padece de problemas semelhantes aos acima referidos. A manutenção da base de dados comprimida no futuro constitui um desafio ainda maior. Além disso, gasta demasiado tempo a verificar os conjuntos de itens candidatos na fase de extração de dados. Nesta investigação, é proposta uma abordagem mais eficiente, designada por Mining Merged Transactions with the Quantification Table (MMTQT), que pode comprimir a base de dados original numa base de dados mais pequena e realizar o processo de extração de dados sem os problemas acima referidos. As nossas abordagens têm as seguintes características:

(a) A base de dados comprimida pode ser descomprimida para a forma original.

(b) Reduzir o tempo de processamento da extração de regras de associação utilizando uma tabela de quantificação.

(c) Reduzir o tempo de E/S utilizando apenas a base de dados comprimida para efetuar a extração de dados.

(d) Permitir a extração incremental de dados.

A regra de associação pode ser expressa como "se A, então B" depois de satisfeitas as medidas de *apoio* e *confiança*. Por exemplo, suponhamos que um cliente compra leite e pão, enquanto outro compra leite e carne. Gostaríamos de discutir "se um novo cliente comprar leite, então também comprará pão" ou "se um novo cliente comprar leite, então também comprará carne".

(1) Suporte $(X) = |T(X)| / |D|$

(2) Confiança$(X \rightarrow Y) = $ Apoio $(X \cap Y) / $ Apoio (X)

No quadro de apoio-confiança, se for uma relação interessante para $X \rightarrow Y$, então X e Y devem ser frequentes. Como definir uma relação frequente? Existem duas condições. Uma condição é support$(X) \geq$ minsupport e support$(Y) \geq$ minsupport(Y). Outra é Confiança $(X \rightarrow Y) \geq$ minconfiança. Minsupport e minconfidence são limiares definidos pelo utilizador. Os problemas de extração de regras de associação dividem-se principalmente em dois subproblemas. Um é descobrir os conjuntos de itens frequentes e o outro é gerar as regras de associação. O primeiro problema é mais difícil do que o segundo. O algoritmo apriori [6] é um dos algoritmos clássicos na extração de regras de associação. Utiliza passos simples para descobrir conjuntos de itens frequentes.

CONCLUSÃO

(1) os métodos de compressão do conjunto de dados de transacções são muito melhores do que os outros métodos; é proposta uma abordagem mais eficiente, designada por Mining Merged Transactions with the Quantification Table (MMTQT), que pode comprimir a base de dados original numa base mais pequena e realizar o processo de extração de dados sem os problemas acima referidos. As nossas abordagens têm as seguintes características:

    (a) A base de dados comprimida pode ser descomprimida para a forma original.

    (b) Reduzir o tempo de processamento da extração de regras de associação utilizando uma tabela de quantificação.

    (c) Reduzir o tempo de E/S utilizando apenas a base de dados comprimida para efetuar a extração de dados.

    (d) Permitir a extração incremental de dados.

(2) Na experiência, verifica-se que, quando se dá um apoio mínimo e uma confiança mínima, os métodos de transação comprimidos dão resultados mais rápidos e melhores do que outros métodos de imitação de padrões frequentes

(3) Por fim, apresentamos uma nova abordagem que podemos designar por Mining Merged Transactions with the Quantification Table (MMTQT), que tem três fases:

    (1) Fundir transacções relacionadas para gerar uma base de dados comprimida

    (2) Construir um quadro de quantificação

    (3) Descobrir conjuntos de itens frequentes

VANTAGENS

(a) Reduzir o tempo de processamento da extração de regras de associação utilizando uma tabela de quantificação.

(b) Reduzir o tempo de E/S utilizando apenas a base de dados comprimida para efetuar a extração de dados.

(c) Permitir a extração incremental de dados.

Lacuna de investigação

LIMITAÇÃO DO SISTEMA

- Este método tem como limitação o facto de termos de comprimir o conjunto de dados e, após a extração do conjunto de itens frequentes, termos de descomprimir novamente o conjunto de dados
- Esta aplicação não tem a sua própria gestão de armazenamento. Depende do SQL SERVER - pacote de base de dados.
- A aplicação não tem uma GUI baseada em janelas.
- A aplicação só funcionará com a versão superior do VB net (7.0).
- A aplicação baseia-se em regras de associação booleanas
- Esta aplicação só funciona para 30 itens e não mais do que isso

MARGEM PARA FUTUROS MELHORAMENTOS

- Pode ser fornecido com uma GUI em vez de uma interface de prompt de comando.
- Pode ser aplicado para além das variáveis booleanas
- Tentar reduzir o tempo de compressão
- tentar implementar para regras de associação multidimensionais

Referências e bibliografia

[1]   M. C. Hung, S. Q. Weng, J. Wu, e D. L. Yang, "Efficient Mining of Association Rules Using Merged Transactions," in WSEAS Transactions on Computers, Issue 5, Vol. 5, pp. 916-923, 2006.

[2]   M. Z. Ashrafi, D. Taniar, and K. Smith, "A Compress-Based Association Mining Algorithm for Large Dataset," in Proceedings of International Conference on Computational Science, pp. 978-987, 2003.

[3]   U. Fayyad, G. Piatetsky-Shapiro e P. Smyth, "The KDD process for extracting useful knowledge from volumes of data", Communications of the ACM, Vol. 39, pp. 27-34, 1996.

[4]   Savasere, A., Omiecinski, E., and Navathe, S. An Efficient Algorithm for Mining Association Rules in Large Databases. Actas da Conferência VLDB. 1995.

[5]   R. Agrawal, T. Imielinski, e A. Swami, "Mining Association Rules Between Sets of Items in Large Databases," in Proceedings of the International Conference on Management of Data, pp. 207-216, 1993.

[6]   R. Agrawal e R. Srikant, "Fast Algorithms for Mining Association Rules", em Proceedings of the 20th International Conference on Very Large Data Bases, pp. 487-499, 1994.

[7]   D. I. Lin e Z. M. Kedem, "Pincer-search: an efficient algorithm for discovering the maximum frequent set," IEEE Transactions on Knowledge and Data Engineering, Vol. 14, pp. 553-566, 2002.

[8]   A. Savasere, E. Omiecinski, e S. Navathe, "An Efficient Algorithm for Mining Association Rules in Large Databases," in Proceedings of the 21st International Conference on Very Large Data Bases, pp. 432-444, 1995.

[9]   D. Burdick, M. Calimlim, J. Flannick, J. Gehrke, e T. Yiu, "MAFIA: A maximal frequent itemset algorithm," IEEE Transactions on Knowledge and Data Engineering, Vol. 17, pp. 1490-1504, 2005.

[10]   Agrawal, R. and Srikant, R. Fast algorithms for mining association rules. VLDB, 487-499. 1994.

[11]   Zaki, M. J., Parthsarathy, S., Ogihara, M., and Li, W. New Algorithms for Fast Discovery of Association Rules. KDD, 283-286. 1997. Agarwal, R., Aggarwal, C., e Prasad, V.V.V. 2001.

[12]   Agrawal, R., Imielinski, T., e Swami, A. 1993. Mineração de regras de associação entre conjuntos de itens em grandes bases de dados. Em Proc. 1993 ACM-SIGMOD Int. Conf. Management of Data (SIGMOD'93), Washington, DC, pp. 207-216.

[13]   Agrawal, R., Mannila, H., Srikant, R., Toivonen, H., e Verkamo, A.I. 1996. Descoberta rápida de regras de associação. Em Advances in Knowledge Discovery and Data Mining, U.M. Fayyad, G. Piatetsky-Shapiro, P. Smyth, e R. Uthurusamy (Eds.), AAAI/MIT Press, pp. 307-328.

[14]   D. W. L. Cheung, S. D. Lee, e B. Kao, "A general incremental technique for maintaining discovered association rules," in Proceedings of the 15th International Conference on Database Systems for Advanced Applications, pp. 185-194, 1997.

[15] Transmissão de dados segura e eficiente para redes de sensores sem fios baseadas em clusters março de 2014 IEEE Transactions on Parallel and Distributed Systems 25(3):750-761 DOI:10.1109/TPDS.2013.43 Autores: Huang Lu Jie Li Universidade de Tsukuba

[16]   Secure and Efficient Data Transmission for Cluster-Based Wireless Sensor Networks Sanghamitra Panda1 , Satyanarayana Gandi2 , Amarendra Kothalanka3 Department of Computer Science & Engineering, Dadi Institute of Engineering & Technology, Anakapalle, A.P., India Vol. 4, Issue 1, January 2015

[17] P. Schaffera, K. Farkas, Á. Horváth, T. Holczer, e L. Buttyán, "Secure and reliable clustering in wireless sensor networks: a critical survey," *Computer Networks*, vol. 56, no. 11, pp. 2726-2741, 2012.

[18] M. Yan, L. Xiao, L. Du, and L. Huang, "On selfish behavior in wireless sensor networks: a game theoretic case study," in *Proceedings of the 3rd International Conference on Measuring Technology and Mechatronics Automation (ICMTMA '11)*, pp. 752-756, Shangshai, China, janeiro de 2011.

[19] X. Li, F. Zhou e J. Du, "LDTS: a lightweight and dependable trust system for clustered wireless sensor networks," *IEEE Transactions on Information Forensics and Security*, vol. 8, no. 6, pp. 924-935, 2013.

[20] Z. Ishaq, S. Park, and Y. Yoo, "A security framework for Cluster-based Wireless Sensor Networks against the selfishness problem," in *Proceedings of the 7th International Conference on Ubiquitous and Future Networks, ICUFN 2015*, pp. 7-12, Japão, julho de 2015.

[21] A. R. Chowdhury, T. Chatterjee, and S. DasBit, "LOCHA: A Light-weight One-way Cryptographic Hash Algorithm for Wireless Sensor Network," *Procedia Computer Science*, vol. 32, pp. 497-504, 2014.

[22] G. Gulhane e N. Mahajan, "Performance evaluation of wireless sensor network under black hole attack," *Inter- national Journal of Computing and Technology*, pp. 92-96, 2014.

[23] Y. Chae, L. C. DiPippo, and Y. L. Sun, "Trust management for defending on-off attacks," *IEEE Transactions on Parallel and Distributed Systems*, vol. 26, no. 4, pp. 1178-1191, 2015.

[24] Z. Lu, Y. E. Sagduyu e J. H. Li, "Queuing the trust: Secure backpressure algorithm against insider threats in wireless networks", in *Proceedings of the 34th IEEE Annual Conference on Computer Communications and Networks, IEEE INFOCOM 2015*, pp. 253-261, Hong Kong, maio de 2015.

[25] T. Hara, V.I. Zadorozhny, and E. Buchmann, Wireless SensorNetwork Technologies for the Information Explosion Era, Studies inComputational Intelligence, vol. 278. Springer-Verlag, 2010.

[26] K. Pradeepa, W.R. Anne, e S. Duraisamy, ‖Design and Implementation Issues of Clustering in Wireless Sensor Networks,‖Int'l J. Computer Applications, vol. 47, no. 11, pp. 23-28,2012.

[27] Rehana Yasmin, Eike Ritter, Guilin Wang "An authentication framework for Wireless Sensor Networks using identity-based signatures: Implementation and Evaluation", IEICE, 2012.

[28] S. Muthusamy, Dr. C. Poongodi, Dr. D. Deepa "Identity Based Digital Signature Scheme in Cluster Based Wireless Sensor Networks for Secure and Efficient data Transmission - A Survey" IJAICT Volume 1, Issue 6, outubro de 2014.

[29] R.Anbarasi, S.Gunasekaran "The Feasibility of SET-IBS and SET-IBOOS Protocols in ClusterBased Wireless Sensor Network" IJIRCCE, 2014.

[30] M.C. Swathi & A. Dhasaradhi "Providing Efficient and Secure Data Transmission in CWSNs", IJARCSMC, 2014.

Buy your books fast and straightforward online - at one of world's fastest growing online book stores! Environmentally sound due to Print-on-Demand technologies.

Buy your books online at
www.morebooks.shop

Compre os seus livros mais rápido e diretamente na internet, em uma das livrarias on-line com o maior crescimento no mundo! Produção que protege o meio ambiente através das tecnologias de impressão sob demanda.

Compre os seus livros on-line em
www.morebooks.shop